Passes Mágicos

Carlos Castaneda

Passes Mágicos

Tradução
Beatriz Penna

16ª edição

Rio de Janeiro | 2024

CIP-BRASIL. CATALOGAÇÃO-NA-FONTE
SINDICATO NACIONAL DOS EDITORES DE LIVROS, RJ.

Castaneda, Carlos, 1931-1998
C341p Passes mágicos: a sabedoria prática dos xamãs do antigo México /
16ª ed. Carlos Castaneda; tradução: Beatriz Penna. – 16ª ed. – Rio de Janeiro: BestSeller, 2024.

Tradução de: Magical passes
ISBN 978-85-7701-197-1

1. Juan, Don, 1891-. 2. índios Yaqui – Religião e mitologia. 3. Xamanismo – México. 4. Exercícios espirituais. I. Título.

11-6899 CDD: 299.7
CDU: 258

Título original norte-americano:
MAGICAL PASSES

Diagramação: Abreu`s System

Revisão da 4ª edição de Fátima Fadel
Publicado mediante acordo com o autor e com a Baror International, Inc., Armonk, Nova York, USA.

Nota: Para evitar o risco de danos, consulte o seu médico antes de iniciar este ou qualquer outro programa de atividade física. Como precaução especial, é aconselhável que as mulheres grávidas consultem os seus médicos antes de praticarem estes movimentos.
De modo algum, as instruções apresentadas têm a intenção de substituir o aconselhamento médico. O Autor, Editor e Proprietário dos Direitos Autorais desta obra não assumem nenhuma responsabilidade ou prejuízo relacionados com os movimentos nela descritos.

Impresso no Brasil

ISBN 978-85-7701-197-1

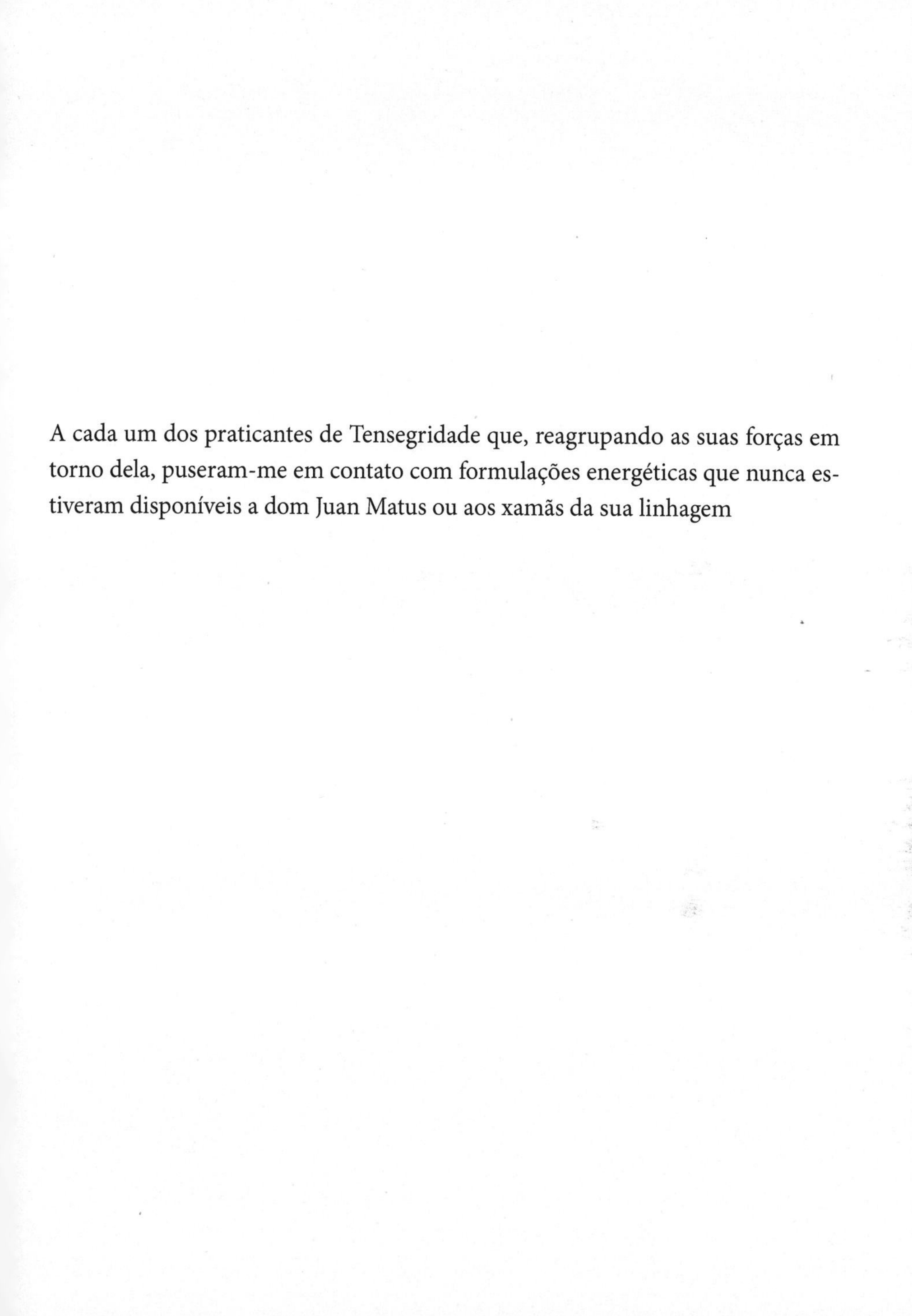

A cada um dos praticantes de Tensegridade que, reagrupando as suas forças em torno dela, puseram-me em contato com formulações energéticas que nunca estiveram disponíveis a dom Juan Matus ou aos xamãs da sua linhagem

SUMÁRIO

INTRODUÇÃO

Dom Juan Matus, um mestre-feiticeiro — um *nagual*, como são chamados os mestres-feiticeiros quando lideram um grupo de outros feiticeiros —, introduziu-me ao mundo cognitivo dos xamãs que viveram no México em tempos antigos. Dom Juan era um índio nascido em Yuma, Arizona. Seu pai era um índio yaqui de Sonora, México, e sua mãe presumivelmente uma índia yuma do Arizona. Dom Juan viveu no Arizona até os dez anos de idade. Seguiu depois com o pai para Sonora, onde foram capturados em meio às endêmicas guerras yaquis contra os mexicanos. Seu pai foi morto e, como uma criança de dez anos, dom Juan acabou indo para o sul do México, onde passou a ser criado por parentes.

Aos vinte anos de idade ele entrou em contato com um mestre-feiticeiro, Julian Osorio. Ele apresentou a dom Juan uma linhagem de feiticeiros que diziam existir havia 25 gerações. Ele não era índio, mas filho de imigrantes europeus no México. Dom Juan me contou que o *nagual* Julian tinha sido ator e que era uma pessoa arrojada — um contador de histórias, um mímico, adorado por todas as pessoas, influente e dominador. Em uma de suas excursões teatrais às províncias, o ator Julian Osorio caiu sob a influência de outro *nagual*, Elias Ulloa, que lhe transmitiu o conhecimento da sua linhagem de feiticeiros.

Seguindo a tradição da sua linhagem de xamãs, dom Juan Matus ensinou alguns movimentos corporais que ele chamava de passes mágicos, aos seus quatro discípulos: Taisha Abelar, Florinda Donner-Grau, Carol Tiggs e a mim. Ele nos ensinou os movimentos no mesmo espírito em que tinham sido ensinados durante gerações, com uma notável modificação: eliminou o ritual excessivo que sempre acompanhara o ensinamento e a realização daqueles passes mágicos. Dom Juan achava que o ritual tinha perdido o seu ímpeto, quando as novas gerações de praticantes se tornaram mais interessadas na eficiência e na utilidade. Entretanto, recomendou-me que sob nenhuma circunstância eu deveria falar sobre os passes mágicos com qualquer um dos seus discípulos ou com as pessoas em geral. Alegava que os passes mágicos pertenciam exclusivamente a cada pessoa e que os seus efeitos podiam ser tão destruidores que era melhor apenas praticá-los sem discuti-los.

Dom Juan ensinou-me tudo que sabia sobre os feiticeiros de sua linhagem. Declarou, assegurou, afirmou e explicou-me todas as nuanças do seu conhecimento. Por isso, tudo que digo a respeito dos passes mágicos é um resultado direto da sua instrução. Os passes mágicos não foram inventados. Foram descobertos pelos xamãs da linhagem de dom Juan que viveram no México em tempos antigos, em estados xamanísticos de consciência intensificada. Sua descoberta foi inteiramente acidental. Começou como dúvidas muito simples, relativas à natureza de uma incrível sensação de bem-estar que os xamãs experimentavam nesses estados de consciência intensificada, quando mantinham determinadas posições corporais ou quando movimentavam os membros de maneira específica. Essa sensação de bem-estar era tão intensa que a vontade de repetir tais movimentos em sua consciência normal passou a constituir o motivo de todos os seus esforços.

Ao que parece, eles foram bem-sucedidos na tarefa e descobriram que eram possuidores de uma série muito complexa de movimentos que, quando praticada, rendia-lhes tremendos resultados em termos de destreza mental e física. De fato, os resultados obtidos com esses movimentos foram tão dramáticos que eles os chamaram de passes mágicos. Durante gerações, eles os ensinaram somente a xamãs iniciados, em bases pessoais, seguindo rituais elaborados e cerimônias secretas.

Ao ensinar os passes mágicos, dom Juan desviou-se radicalmente da tradição, forçando-se a reformular o objetivo pragmático deles. Ele me apresentou esse objetivo não tanto como a intensificação do equilíbrio mental e físico, como tinha sido no passado, mas como a possibilidade prática de redistribuir energia, e atribuiu esse novo modo de ver as coisas à influência de dois *naguals* que o tinham precedido.

Os feiticeiros da linhagem de dom Juan acreditavam que existe uma quantidade inerente de energia em cada um de nós, uma quantidade que não está sujeita ao assédio violento de forças exteriores para aumentá-la ou diminuí-la. Acreditavam que essa quantidade de energia era suficiente para satisfazer, segundo eles, a obsessão de cada homem na Terra: romper os parâmetros da percepção normal. Dom Juan estava convencido de que a nossa incapacidade para romper esses parâmetros era induzida pela cultura e o meio social. Sustentava que ambos os fatores transferiam cada partícula de nossa energia inerente para o cumprimento de padrões comportamentais estabelecidos, que não nos permitiam romper os parâmetros da percepção normal.

— Por que deveríamos querer romper esses parâmetros? — perguntei uma vez a dom Juan.

— Romper esses parâmetros é a questão inevitável da humanidade — respondeu ele. — Rompê-los significa a entrada em mundos inconcebíveis de um valor pragmático de modo algum diferente do valor do nosso mundo da vida cotidiana. Independentemente de aceitarmos ou não essa premissa, somos obcecados por romper esses parâmetros, mas temos fracassado miseravelmente. Daí a profusão de drogas, estimulantes, rituais e cerimônias religiosas entre os homens modernos.

— Por que acha que temos fracassado tão miseravelmente, dom Juan? — perguntei.

— Fracassamos em satisfazer nosso desejo subliminar — disse ele — porque atacamos o problema atabalhoadamente. Nossas ferramentas são grosseiras. Agimos como se quiséssemos derrubar uma parede batendo com a cabeça. O homem nunca considera esse rompimento em termos de energia. Para os feiticeiros, o sucesso é determinado unicamente pela acessibilidade ou inacessibilidade da energia.

"Uma vez que é impossível aumentar a nossa energia inerente, a única avenida aberta para os feiticeiros do México antigo era a redistribuição dessa energia. Para eles, o processo de redistribuição começava com os passes mágicos e a maneira como eles afetavam o corpo físico.

Enquanto ensinava, dom Juan fazia questão de acentuar que a enorme ênfase que os xamãs de sua linhagem davam à destreza física e ao bem-estar mental tinha permanecido até os dias de hoje. Observando-o e aos 15 feiticeiros que o seguiam, fui capaz de confirmar a verdade de suas declarações. O físico excelente e o equilíbrio mental eram suas características mais óbvias.

Quando lhe perguntei uma vez por que os feiticeiros davam tanta ênfase ao lado físico do homem, a resposta de dom Juan foi uma total surpresa para mim. Eu sempre havia pensado que ele próprio fosse um homem espiritual.

— Os xamãs não são espirituais — disse ele. — São seres muito práticos. Mas é verdade que em geral são considerados excêntricos e até mesmo insanos. Talvez seja por isso que você pense que são espirituais. Parecem insanos porque estão sempre tentando explicar coisas que não podem ser explicadas. Na vã tentativa de dar explicações satisfatórias que não podem ser satisfeitas sob qualquer circunstância, perdem toda a coerência e dizem insanidades.

"Se você quer destreza física e sensatez, precisa de um corpo flexível. Esses são os dois aspectos mais importantes na vida dos xamãs, porque trazem sobriedade e pragmatismo: os únicos requisitos indispensáveis para entrar em outros domínios de percepção. Navegar de maneira genuína no desconhecido requer uma atitude de ousadia, mas não de imprudência. Para estabelecer um equilíbrio entre a audácia e a imprudência, um feiticeiro precisa ser extremamente sóbrio, cauteloso, habilidoso e estar em excelente condição física.

— Mas por que em excelente condição física, dom Juan? — perguntei. — O desejo ou a vontade de viajar no desconhecido não é suficiente?

— Não na sua vida medíocre! — respondeu ele de modo bastante brusco. — Só a ideia de enfrentar o desconhecido, que dirá entrar nele, requer vísceras de aço e um corpo capaz de abrigar essas vísceras. Que adiantaria ser dotado dessas vísceras se você não tiver agilidade mental, destreza física e músculos adequados?

A condição física excelente, conceito firmemente defendido por dom Juan desde o primeiro dia da nossa associação — produto da rigorosa execução dos passes mágicos —, era ao que tudo indicava o primeiro passo para a redistribuição da nossa energia inerente. Segundo dom Juan, essa redistribuição de energia era o aspecto mais importante na vida dos xamãs, bem como na vida de qualquer indivíduo. A redistribuição de energia é um processo que consiste em transportar, de um lugar para outro, a energia que já existe dentro de nós. Essa energia foi deslocada dos centros de vitalidade no corpo, que dela precisam para produzir um equilíbrio entre a agilidade mental e a destreza física.

Os xamãs da linhagem de dom Juan estavam profundamente envolvidos com a redistribuição da sua energia inerente. Esse envolvimento não era um esforço intelectual nem o produto de indução, dedução ou conclusões lógicas. Era o resultado da capacidade deles de perceber a energia da maneira como ela fluía no universo.

— Tais feiticeiros chamavam a capacidade de perceber essa energia de *ver* — explicou-me dom Juan. — Descreviam *ver* como um estado de consciência intensificada no qual o corpo humano é capaz de perceber a energia como um fluxo, uma corrente, uma vibração. *Ver* a energia como ela flui no universo é o produto de uma pausa momentânea do sistema de interpretação peculiar aos seres humanos.

— Que sistema de interpretação é esse? — perguntei.

— Os xamãs do México antigo descobriram — respondeu ele — que cada parte do corpo humano está envolvida, de uma ou outra maneira, em transformar esse fluxo vibratório ou essa corrente de vibração em alguma forma de estímulo sensorial. Todo esse bombardeio de estímulos sensoriais é transformado, por meio da utilização, no sistema de interpretação que torna os seres humanos capazes de perceber o mundo da maneira como o fazem.

"Suspender por instantes esse sistema de interpretação era o resultado de uma tremenda disciplina da parte dos feiticeiros do México antigo. Chamaram a isso *ver* e fizeram de *ver* a pedra angular do seu conhecimento. Para eles, *ver* a energia como ela fluía no universo era uma ferramenta essencial que empregavam para organizar os seus esquemas classificatórios. Por exemplo, devido a essa capacidade, conceberam o universo total disponível à percepção dos seres humanos como uma coisa parecida com a cebola, que consiste em milhares de camadas. Acreditavam que o mundo cotidiano dos seres humanos é apenas uma única camada entre todas elas. Consequentemente, acreditavam que outras camadas não só são acessíveis à percepção humana, como também fazem parte da herança natural do homem.

Outra questão de tremendo valor no conhecimento desses feiticeiros, uma questão que também era uma consequência da sua capacidade de *ver* a energia como ela fluía no universo, foi a descoberta da configuração energética humana, segundo eles um conglomerado de campos de energia aglutinados por uma força vibratória numa bola luminosa de energia. Para os feiticeiros da linhagem de dom Juan, um ser humano tinha uma forma oblonga como um ovo ou uma forma redonda como uma bola. Sendo assim, eles os chamavam de ovos luminosos ou de bolas luminosas. Essa esfera de luminosidade era considerada por eles o nosso verdadeiro ser — verdadeiro no sentido de que é irredutível em termos de energia. É irredutível porque a totalidade dos recursos humanos está envolvida na ação de percebê-la diretamente como energia.

Os xamãs descobriram que na parte posterior da bola luminosa existe um ponto de maior brilho. Através de processos de observação direta da energia, perceberam que esse ponto é fundamental para transformar a energia em dados sensoriais e, depois, interpretá-los. Por isso, chamaram-no de ponto de aglutinação e consideraram que a percepção está, de fato, aglutinada ali. Descreviam o ponto de aglutinação como localizado atrás das omoplatas, a um braço de distância delas. Descobriram igualmente que para toda a raça humana o ponto de aglutinação está localizado no mesmo lugar, conferindo portanto a todos os seres humanos uma visão de mundo totalmente semelhante.

Uma descoberta de tremendo valor para eles e para os xamãs das gerações seguintes foi a de que a localização do ponto de aglutinação naquele lugar é o resultado da utilização e da socialização. Por isso consideraram-na como uma posição arbitrária que simplesmente dá a ilusão de ser final e irredutível. Um produto dessa ilusão é a convicção aparentemente inflexível dos seres humanos de que o mundo cotidiano é o único mundo que existe e que a sua finalidade é incontestável.

— Acredite em mim — disse-me certa vez dom Juan —, esse senso de finalidade com relação ao mundo é uma ilusão. Como nunca foi desafiado, continua sendo o único ponto de vista possível. *Ver* a energia tal como ela flui no universo é a ferramenta para desafiar isso. Através do seu uso, os feiticeiros da minha linhagem chegaram à conclusão que existe de fato uma quantidade desconcertante de mundos disponíveis à percepção humana. Eles os descreviam como domínios que tudo incluíam, domínios onde uma pessoa pode agir e lutar. Em outras palavras, mundos onde uma pessoa pode viver e morrer, como acontece em nossa vida cotidiana.

Durante os 13 anos de minha associação com ele, dom Juan me ensinou os passos básicos para realizar a proeza de *ver*. Discuti o assunto em todos os meus escritos anteriores, mas nunca toquei no ponto-chave desse processo: os passes mágicos. Ele me ensinou um grande número deles, mas, junto com aquela riqueza de conhecimento, dom Juan também me deixou com a certeza de que eu era o último elo da sua linhagem. Para mim, aceitar isso implicava automaticamente a tarefa de descobrir novos meios para divulgar o conhecimento da sua linhagem, uma vez que a sua continuidade não era mais um problema.

Cabe aqui um esclarecimento muito importante: dom Juan nunca esteve interessado em transmitir o seu conhecimento, mas em perpetuar a sua linhagem. Suas três outras discípulas e eu éramos os meios — escolhidos, dizia ele, pelo próprio espírito, porque ele não tivera nenhuma participação ativa nisso — que iriam garantir essa perpetuação. Por isso ele se obrigou a um esforço titânico para me ensinar tudo o que sabia sobre feitiçaria ou xamanismo, e sobre o desenvolvimento da sua linhagem.

Durante o meu treinamento, ele percebeu que minha configuração energética era de tal modo diferente da sua que isso só poderia significar o fim da sua linhagem. Eu disse-lhe que lamentava muito essa sua interpretação sobre qualquer que fosse a diferença invisível existente entre nós. Não estava gostando do fardo de ser o último da sua linhagem nem compreendia o seu raciocínio.

— Os xamãs do México antigo — disse-me um dia — acreditavam que a escolha, como os seres humanos a compreendem, é a condição prévia do mundo cognitivo do homem, mas isso é apenas uma interpretação benevolente de algo que é encontrado quando a consciência se arrisca além do conforto do nosso mundo, uma interpretação benevolente da aquiescência. Os seres humanos estão mergulhados no torvelinho de forças que os arrastam daqui para ali de todas as maneiras possíveis. A arte dos feiticeiros não é realmente escolher, mas ter suficiente sutileza para aquiescer.

"Embora pareçam não fazer outra coisa senão tomar decisões, a rigor os feiticeiros não tomam decisões. Não resolvi escolher você, nem que você seria do jeito que é. Já que eu não podia escolher quem compartilharia o meu conhecimento, precisava aceitar quem quer que o espírito estivesse me oferecendo. E essa pessoa foi você, e você só é energeticamente capaz de terminar, não de continuar.

Assegurou-me que o fim da sua linhagem não tinha nada a ver com ele, com os seus esforços ou com o seu sucesso ou fracasso como um feiticeiro que busca a liberdade total. Entendia isso como algo que tinha a ver com uma escolha exercida além do nível humano, não por seres ou entidades, mas pelas forças impessoais do universo.

Finalmente aceitei o que dom Juan chamava de meu destino. Isso me pôs cara a cara com outro assunto a que ele se referia como "trancar a porta quando partir". Isto é, eu assumia a responsabilidade de decidir exatamente o que fazer com tudo que ele tinha me ensinado e de pôr em prática essa decisão de modo impecável. Em primeiro lugar, fiz a mim mesmo a pergunta crucial sobre o que fazer com os passes mágicos, o aspecto do conhecimento de dom Juan mais impregnado de pragmatismo e função. Decidi usar os passes mágicos e ensiná-los a quem quisesse aprendê-los. Minha decisão em quebrar o sigilo que os tinha cercado por tanto tempo foi naturalmente o corolário de minha total convicção de que eu era de fato o último da linhagem de dom Juan. Para mim, tornara-se inconcebível que eu devesse carregar segredos que nem eram meus. Manter os passes mágicos em sigilo não tinha sido uma decisão minha. Minha decisão era acabar com tal condição.

Daí por diante esforcei-me para chegar a uma forma mais genérica de cada passe mágico, uma forma adequada a todas as pessoas. Isso resultou numa configuração de formas ligeiramente modificadas de cada um dos passes mágicos. Chamei essa nova configuração de movimentos de *Tensegrity* (Tensegridade), um termo de arquitetura que significa "a propriedade das estruturas reduzidas que empregam elementos de tensão contínua e elementos de compressão descontínua de uma tal maneira que cada elemento opera com o máximo de eficiência e economia".

Para explicar o que são os passes mágicos dos feiticeiros que viveram no México nos tempos antigos, eu gostaria de fazer um esclarecimento: para dom Juan, "tempos antigos" significava algo em torno de dez mil anos atrás, um número que pode parecer incongruente para os esquemas classificatórios dos acadêmicos modernos. Quando mencionei a dom Juan a discrepância entre sua estimativa e a que eu considerava ser mais realista, ele permaneceu inflexível em sua convicção. Acreditava piamente que as pessoas que viveram no Novo Mundo havia dez mil anos estavam profundamente interessadas em assuntos sobre o universo e a percepção, nas quais o homem moderno nem sequer começou a penetrar.

Para mim, independentemente das nossas interpretações cronológicas divergentes, a eficácia dos passes mágicos é inegável, e sinto-me obrigado a elucidar o assunto seguindo estritamente a maneira como isso me foi apresentado. O efeito imediato dos passes mágicos em mim teve uma profunda influência no modo como lido com eles. O que estou apresentando nesta obra é uma reflexão íntima sobre essa influência.

Passes Mágicos

Na primeira vez que dom Juan conversou comigo sobre os passes mágicos ele fez um comentário depreciativo em relação ao meu peso.

— Você está ficando gorducho demais — disse ele olhando-me de alto a baixo e balançando a cabeça em desaprovação. — Já está praticamente gordo. O desgaste está começando a tomar conta de você. Como qualquer outro membro de sua raça, está desenvolvendo um inchaço de gordura no pescoço, como um touro. É hora de você assumir com seriedade uma das maiores descobertas dos feiticeiros: os passes mágicos.

— De que passes mágicos está falando, dom Juan? — perguntei. — Você nunca me falou sobre isso. Ou, se o fez, deve ter sido tão ligeiramente que não consigo me lembrar de nada a esse respeito.

— Não somente já lhe falei muita coisa sobre os passes mágicos — disse ele —, como também você já conhece um grande número deles. Eu os tenho ensinado o tempo todo.

Até onde eu sabia não era verdade que ele tivesse me ensinado quaisquer passes mágicos. Protestei veementemente.

— Não seja tão apaixonado ao defender seu maravilhoso eu — brincou ele fazendo um gesto ridículo de desculpas com as sobrancelhas. — O que eu queria dizer é que você imita tudo que faço, então eu tenho tirado proveito da sua capacidade de imitação. Tenho lhe mostrado vários passes mágicos, que você sempre interpreta como sendo um prazer meu em estalar as juntas. Gosto do modo como você os interpreta: estalar as juntas! Vamos continuar a chamá-los assim.

"Mostrei-lhe dez maneiras diferentes de estalar as juntas. Cada uma delas é um passe mágico que se adapta com perfeição ao meu corpo e ao seu. Você poderia dizer que esses dez passes mágicos estão na sua linhagem e na minha. Eles nos pertencem pessoal e individualmente, assim como pertenceram aos outros feiticeiros que eram exatamente como nós dois nas 25 gerações que nos precederam.

Os passes mágicos a que dom Juan estava se referindo, como ele mesmo dissera, eram as maneiras particulares que ele tinha de estalar as juntas. Eu achava que ele costumava movimentar os braços, as pernas, o torso e os quadris de modos específicos para conseguir um estiramento máximo dos músculos, ossos e ligamentos. Do meu ponto de vista, o resultado desses movimentos de estiramento era uma sucessão de estalos que ele estaria produzindo para meu espanto e diversão. De fato, ele tinha me pedido repetidamente para imitá-lo. De maneira provocadora, tinha até mesmo me desafiado a memorizar os movimentos e a repeti-los em casa até conseguir que as minhas juntas produzissem estalos semelhantes.

Nunca tive êxito em reproduzir os sons, embora tivesse definitiva e inconscientemente aprendido todos os movimentos. Agora sei que não conseguir aquele som de estalo era uma bênção disfarçada, porque os músculos e os tendões dos braços e das costas *nunca* devem ser estirados até aquele ponto. Dom Juan tinha nascido com uma facilidade de estalar as juntas dos braços e das costas, assim como algumas pessoas têm a facilidade de estalar os nós dos dedos.

— Como os antigos feiticeiros inventaram esses passes mágicos, dom Juan? — perguntei.

— Ninguém os inventou — disse ele duramente. — Pensar que foram inventados implica admitir a intervenção da mente, e esse não é o caso dos passes mágicos. Ao contrário, eles foram descobertos pelos antigos xamãs. Disseram-me que tudo isso começou com a extraordinária sensação de bem-estar que os xamãs experimentavam quando estavam em estados xamanísticos de consciência intensificada. Eles sentiam um vigor tão extraordinário e fascinante que lutavam para repeti-lo nas horas de vigília.

"A princípio, os xamãs acreditaram que isso era uma disposição de bem-estar que a consciência intensificada criava. Logo descobriram que nem todos os estados xamanísticos de consciência intensificada produziam a mesma sensação de bem-estar. Um exame mais cuidadoso revelou-lhes que, sempre que a sensação de bem-estar ocorria, eles tinham estado envolvidos em algum tipo específico de movimento corporal. Perceberam que, enquanto estavam em estados de consciência intensificada, seus corpos se movimentavam involuntariamente de determinadas maneiras e que isso era de fato a causa da sensação incomum de plenitude física e mental.

Dom Juan especulava que sempre lhe parecera que os movimentos que os corpos dos xamãs executavam automati camente em consciência intensificada eram uma espécie de herança oculta da humanidade, algo que tinha sido profundamente armazenado para ser revelado apenas àqueles que estivessem procurando por ele. Ele comparava esses antigos feiticeiros aos mergulhadores de águas profundas que, sem o saberem, recuperaram aquela herança.

Dom Juan dizia que os feiticeiros começaram arduamente a reunir os movimentos de que se lembravam. Seus esforços valeram a pena. Foram capazes de recriar movimentos que lhes tinham parecido reações automáticas do corpo num estado de consciência intensificada. Encorajados pelo sucesso, foram capazes de recriar centenas de movimentos sem no entanto alojá-los num esquema compreensível. A ideia deles era que, em consciência intensificada, os movimentos aconteciam espontaneamente e que havia uma força que guiava o efeito dos movimentos sem a intervenção da vontade deles.

Segundo dom Juan, a natureza dessas descobertas sempre o levou a acreditar que os feiticeiros dos tempos antigos eram pessoas extraordinárias, porque os movimentos que descobriram nunca foram revelados da mesma forma aos xamãs modernos que também entravam em consciência intensificada. Talvez fosse assim porque os xamãs modernos, de uma forma ou de outra, já tinham aprendido antecipadamente os movimentos com os seus predecessores ou talvez porque os feiticeiros dos tempos antigos tinham mais massa energética.

— Dom Juan, o que quer dizer com tinham mais massa energética? — perguntei. — Eles eram homens maiores?

— Não acho que fossem fisicamente maiores — disse ele —, mas energeticamente, aos olhos de um vidente, apareciam como uma forma oblonga. Chamavam a si próprios de ovos luminosos. Nunca vi um ovo luminoso em minha vida. Tudo que tenho visto são bolas luminosas. Quem sabe se, ao longo das gerações, o homem não veio perdendo alguma massa energética.

Dom Juan explicou-me que, para um vidente, o universo é composto por uma quantidade infinita de campos de energia. Eles aparecem como filamentos luminosos que se projetam em todas as direções possíveis. Os filamentos atravessavam em linhas cruzadas as bolas luminosas que os seres humanos são, e era razoável assegurar que, se os seres humanos foram um dia formas oblongas como ovos, eles eram muito mais altos do que uma bola. Consequentemente, os campos de energia que tocavam os seres humanos no topo do ovo luminoso não os estão tocando mais, agora que são bolas luminosas. Para dom Juan isso significava uma perda de massa energética, algo crucial quando se tratou de reivindicar esse tesouro escondido: os passes mágicos.

— Por que os passes dos xamãs antigos eram chamados de passes mágicos? — perguntei-lhe uma vez.

— Eles não eram apenas chamados de passes mágicos — disse ele —, eles eram mágicos! Produziam um efeito que não pode ser descrito por meio de explicações comuns. Esses movimentos não são exercícios físicos ou meras posturas do corpo; são tentativas reais de alcançar um estado mais favorável de ser.

"A *magia* dos movimentos é uma mudança sutil que os praticantes experimentam ao executá-los. É uma qualidade efêmera que o movimento traz para os seus estados físico e mental, uma espécie de brilho, uma luz nos olhos. Essa mudança sutil é um *toque do espírito*, como se através dos movimentos os praticantes restabelecessem uma ligação não utilizada com a força vital que os sustenta.

Explicou depois que outra razão para os movimentos serem chamados de passes mágicos é que, praticando-os, os xamãs são transportados, em termos de percepção, para outros estados em que podem sentir o mundo de maneira indescritível.

— Devido a essa qualidade, a essa magia — disse-me dom Juan —, os passes devem ser praticados não como exercícios, mas como uma maneira de atrair o poder.

— Mas podem ser tomados como movimentos físicos embora nunca tenham sido considerados como tal? — perguntei.

— Você pode praticá-los da maneira que desejar — respondeu dom Juan. — Os passes mágicos intensificam a consciência, independentemente da ideia que você faça deles. O mais inteligente seria apenas aceitar que a prática dos passes mágicos leva os praticantes a deixar cair a máscara da socialização.

— O que é a máscara da socialização? — perguntei.

— A camada superficial que todos nós defendemos e pela qual morremos — respondeu. — A aparência que adquirimos no mundo. O que nos impede de alcançar todo o nosso potencial. O que nos faz acreditar que somos imortais. O *intento* de milhares de feiticeiros permeia esses movimentos. Executá-los, mesmo de maneira casual, faz a mente chegar a uma pausa.

— Que significa chegar a uma pausa? — perguntei.

— Tudo que fazemos no mundo — disse ele —, nós reconhecemos e identificamos, convertendo em linhas de semelhança, linhas de coisas que estão associadas de propósito. Por exemplo, se eu lhe digo "garfo", isso imediatamente traz à sua mente a ideia de colher, faca, toalha de mesa, guardanapo, prato, xícara e pires, copo de vinho, carne, banquete, aniversário e festa. Você poderia continuar nomeando tais coisas indefinidamente. Tudo que fazemos está associado dessa forma. Para os feiticeiros, o estranho é que eles *veem* que todas essas linhas de afinidade, todas essas linhas de coisas associadas de propósito, ligam-se à ideia do homem de que as coisas são imutáveis e eternas, como a palavra de Deus.

— Por que mencionou Deus, dom Juan? O que a palavra de Deus tem a ver com o que você está tentando explicar?

— Tudo! — respondeu ele. — Parece que em nossas mentes todo o universo é como a palavra de Deus: absoluta e imutável. Essa é a maneira como nos conduzimos. No mais profundo de nossas mentes existe um dispositivo restritivo que não nos permite parar para examinar que a palavra de Deus, como a aceitamos e acreditamos que ela seja, diz respeito a um mundo morto. Por outro lado, um mundo vivo está em fluxo constante. Ele se movimenta. Ele se altera completamente.

"A razão mais abstrata pela qual os passes mágicos dos feiticeiros da minha linhagem são mágicos é que, praticando-os, os corpos dos praticantes compreendem que tudo, em vez de ser uma série contínua de objetos que têm afinidade entre si, é uma corrente, um fluxo. E, se tudo no universo é um fluxo, uma corrente, essa corrente pode ser detida. Pode-se represá-la e, assim, o seu fluxo pode ser detido ou desviado.

Em uma ocasião, dom Juan me explicou o efeito global que a prática dos passes mágicos teve sobre os feiticeiros da sua linhagem e correlacionou esse efeito com o que poderia acontecer aos praticantes modernos.

— Os feiticeiros da minha linhagem — disse ele — ficaram chocados quase até a morte ao compreender que a prática dos seus passes mágicos ocasionava, de outra maneira, a parada do ininterrupto fluxo das coisas. Construíram uma série de metáforas para descrever essa parada e, no esforço para explicar isso ou para reconsiderá-lo, fizeram uma confusão. Escorregaram para o ritual e a cerimônia. Começaram a encenar o ato da parada do fluxo das coisas. Acreditavam que, se determinadas cerimônias e certos rituais estivessem concentrados em um aspecto definido dos seus passes mágicos, os próprios passes mágicos poderiam atrair um resultado específico. Rapidamente, a quantidade e a complexidade dos seus rituais e cerimônias se tornaram mais complicados do que a quantidade dos seus passes mágicos.

"É muito importante concentrar a atenção dos praticantes em algum aspecto definido dos passes mágicos. Entretanto, essa fixação deve ser leve, divertida, destituída de morbidez e severidade. Deve ser feita por si própria, sem realmente esperar retornos.

Ele deu o exemplo de uma das pessoas do seu grupo, um feiticeiro chamado Silvio Manuel, cujo prazer e predileção eram adaptar os passes mágicos dos feiticeiros dos tempos antigos aos passos da sua dança moderna. Dom Juan descrevia Silvio Manuel como um excelente acrobata e dançarino que realmente dançava os passes mágicos.

— O *nagual* Elias Ulloa — continuou dom Juan — foi o inovador mais proeminente da minha linhagem. Ele foi o único que, por assim dizer, jogou todo o ritual pela janela e praticou os passes mágicos exclusivamente com o objetivo para o qual eles foram originalmente utilizados, em uma época do passado remoto: com o propósito de redistribuir energia.

"O *nagual* Julian Osorio, que veio depois dele, foi a pessoa que deu ao ritual o sopro mortal final. Uma vez que era um genuíno ator profissional que, um dia, tinha ganhado a sua sobrevivência atuando no teatro, ele armazenou muita coisa no que os feiticeiros chamavam de teatro xamanístico. Ele o chamava de o teatro do infinito e, nele, despejava todos os passes mágicos que estavam à sua disposição. Todos os movimentos dos seus personagens estavam imbuídos até o pescoço dos passes mágicos. Não apenas isso, mas ele transformou o teatro em uma nova avenida para ensiná-los. Entre o *nagual* Julian, o ator do infinito, e Silvio Manuel, o dançarino do infinito, eles tinham a coisa toda bem-definida. Uma nova era estava no horizonte! A era da *redistribuição* pura!

A explicação de dom Juan sobre redistribuição era que os seres humanos, percebidos como conglomerados de campos de energia, são unidades energéticas lacradas que têm fronteiras definidas que não permitem a entrada ou a saída de energia. Consequentemente, a energia existente dentro desse conglomerado de campos de energia é tudo com que cada indivíduo humano pode contar.

— A tendência natural dos seres humanos — dizia ele — é afastar a energia dos centros de vitalidade que estão localizados, do lado direito do corpo, bem na borda da caixa torácica na área do fígado e da vesícula biliar; do lado esquerdo do corpo, novamente na borda da caixa torácica na área do pâncreas e do baço; nas costas, logo atrás de outros dois centros, em torno dos rins e logo acima deles, na área das glândulas suprarrenais; na base do pescoço, no local em V formado pelo esterno e pela clavícula; e em torno do útero e dos ovários nas mulheres.

— Dom Juan, como os seres humanos afastam essa energia? — perguntei.

— Preocupando-se — respondeu ele. — Sucumbindo à tensão da vida cotidiana. A coação das ações diárias cobra o seu preço ao corpo.

— E o que acontece com essa energia, dom Juan? — perguntei de novo.

— Ela se junta na periferia da bola luminosa — disse ele —, às vezes a ponto de formar um sedimento grosso como uma casca. Os passes mágicos estão relacionados com o ser humano total, como um corpo físico e como um conglomerado de campos de energia. Eles agitam a energia acumulada na bola luminosa e a devolvem para o próprio corpo físico. Os passes mágicos envolvem tanto o próprio corpo, como uma entidade física que sofre a dispersão da energia, quanto o corpo como uma entidade energética que é capaz de redistribuir aquela energia dispersada.

"Ter energia, que não está sendo redistribuída, na periferia da bola luminosa, é tão inútil quanto não ter absolutamente nenhuma energia. É realmente uma situação apavorante ter um excesso de energia estagnada, inacessível para qualquer propósito prático. É como estar em um deserto morrendo de desidratação enquanto você carrega um tanque de água que não pode abrir porque não tem nenhuma ferramenta. Naquele deserto, você não consegue nem sequer encontrar uma rocha para bater nele.

A verdadeira magia dos passes mágicos é o fato de que eles fazem com que a energia que se transformou em casca entre novamente nos centros de vitalidade, daí a sensação de bem-estar e de destreza experimentada pelos praticantes. Antes de entrarem em seu ritualismo e cerimônia excessivos, os feiticeiros da linhagem do dom Juan tinham formulado o fundamento para essa redistribuição. Chamavam a isso saturação, significando que inundavam os seus corpos com uma profusão de passes mágicos para permitir que a força que nos mantém unidos guiasse aqueles passes mágicos para ocasionarem a máxima redistribuição de energia.

— Mas, dom Juan, você está me dizendo que toda vez que estala suas juntas ou toda vez que tento imitá-lo estamos realmente redistribuindo energia? — perguntei-lhe um dia, não querendo de modo algum ser sarcástico.

— Todas as vezes que executamos um passe mágico — respondeu ele — estamos de fato alterando as estruturas básicas dos nossos seres. A energia, que normalmente se transformou em casca, é liberada e começa a entrar nos vórtices de vitalidade do corpo. Só através daquela energia recuperada podemos erguer uma represa, uma barreira para conter um fluxo que de outro modo não pode ser contido e é sempre nocivo.

Pedi a dom Juan que me desse um exemplo do que era colocar uma represa no que ele estava chamando de fluxo nocivo. Disse-lhe que eu queria visualizar isso em minha mente.

— Vou lhe dar um exemplo — disse ele. — Na minha idade, eu deveria ser vítima de pressão sanguínea alta. Se eu procurasse um médico, olhando para mim, ele garantiria que sou um velho índio atormentado pelas incertezas, pelas frustrações e pela má dieta; tudo isso, naturalmente, resultando na mais esperada e previsível condição de pressão sanguínea alta: um corolário aceitável da minha idade.

"Não tenho nenhum problema de pressão sanguínea alta, não porque eu seja mais forte que o homem comum ou devido à minha estrutura genética, mas porque os meus passes mágicos fizeram o meu corpo romper qualquer padrão de comportamento que resulte em pressão sanguínea alta. Posso dizer honestamente que sempre que estalo minhas juntas, seguindo a execução de um passe mágico, estou bloqueando o fluxo de expectativas e comportamento que normalmente resulta em pressão sanguínea alta na minha idade.

"Outro exemplo que posso lhe dar é a agilidade das minhas articulações. Você não tem notado o quanto sou mais ágil que você? Quando começo a movimentar minhas articulações, sou um garoto! Com os meus passes mágicos, ponho uma represa na corrente de comportamento e fisicalidade que faz com que as articulações das pessoas, tanto homens quanto mulheres, enrijeçam com a idade.

Uma das sensações mais incômodas que eu sempre experimentava era causada pelo fato de que dom Juan Matus, embora pudesse ter sido meu avô, era infinitamente mais jovem que eu. Eu era rijo, dogmático, repetitivo. Estava senil. Ele, por sua vez, era ousado, inventivo, ágil, desembaraçado. Em resumo, possuía algo que, embora jovem, eu não possuía: juventude. Ele se deleitava em insistir que pouca idade não era juventude e que pouca idade não era de modo algum um impedimento à senilidade. Salientava que, se eu observasse os meus companheiros cuidadosa e imparcialmente, seria capaz de corroborar que, quando chegam à idade de vinte anos, já estão senis, repetindo-se futilmente.

— Dom Juan, como é possível você ser mais jovem do que eu? — perguntei.

— Eu dominei minha mente — disse ele com os olhos bem abertos para denotar perplexidade. — Não tenho uma mente para me dizer que é hora de ser velho. Não honro acordos nos quais não participei. Lembre-se disto: não é apenas um lema para os feiticeiros dizer que eles não honram acordos nos quais não participaram. Ser atormentado pela idade avançada é um de tais acordos.

Ficamos em silêncio durante um longo tempo. Dom Juan parecia estar esperando, pensei, pelo efeito que suas palavras pudessem causar em mim. O que eu pensava ser a minha unidade psicológica estava mais dividida por uma reação claramente dual de minha parte. Em determinado nível, eu repudiava com toda a minha força a tolice que dom Juan estava verbalizando; em outro nível, entretanto, não podia deixar de notar quão precisas eram as suas observações. Dom Juan era idoso e, contudo, absolutamente não era velho. Era muito mais jovem que eu. Estava livre de pensamentos embaraçosos e de padrões de hábito. Estava perambulando em mundos incríveis. Era livre, enquanto eu estava aprisionado por pesados padrões de pensamento e hábitos, por considerações mesquinhas e fúteis a meu próprio respeito que, naquela ocasião, pela primeira vez na vida, senti que nem sequer eram minhas.

Em outra ocasião perguntei a dom Juan algo que estivera me preocupando durante muito tempo. Ele havia declarado que os feiticeiros do México antigo descobriram os passes mágicos, que eram uma espécie de tesouro escondido, armazenado, para o homem encontrar. Eu queria saber quem armazenaria algo assim para o homem. A única ideia que eu poderia sugerir era a derivada do catolicismo. Pensei em Deus, num anjo da guarda, no Espírito Santo.

— Não é o Espírito Santo — disse ele —, que só é santo para você, porque secretamente você é um católico. E com certeza não é Deus, o pai benevolente dos cristãos. Também não é uma deusa, uma mãe nutridora que cuida dos assuntos dos homens, como muitas pessoas acreditam. É mais uma força impessoal que tem uma quantidade infinita de coisas armazenadas para aqueles que ousam procurá-las. É uma força no universo, como a luz ou a gravidade. É um fator aglutinador, uma força vibratória que junta o conglomerado de campos de energia que os seres humanos são em uma única unidade concisa e coesa. Essa força vibratória é o fator que não permite a entrada ou a saída de energia da bola luminosa.

"Os feiticeiros do México antigo acreditavam que a execução dos seus passes mágicos era o único fator que preparava e levava o corpo à corroboração transcendental da existência daquela força aglutinadora.

Pelas explicações de dom Juan, cheguei à conclusão de que a força vibratória da qual ele falava, que aglutina os nossos campos de energia, aparentemente é similar ao que os astrônomos modernos acreditam que deve acontecer no âmago de todas as galáxias que existem no cosmo. Eles acreditam que lá, nos seus âmagos, uma força de incalculável vigor mantém as estrelas das galáxias nos seus lugares. Essa força, chamada de "buraco negro", é uma construção teórica que parece ser a explicação mais razoável para as estrelas não se afastarem impelidas por suas próprias velocidades rotacionais.

Dom Juan dizia que os antigos feiticeiros sabiam que os seres humanos, assumidos como conglomerados de campos de energia, eram mantidos juntos não por invólucros energéticos ou por ligamentos energéticos, mas por algum tipo de vibração que faz com que todas as coisas fiquem, ao mesmo tempo, vivas e em seus lugares. Dom Juan explicava que tais feiticeiros, por meio de suas práticas e de sua disciplina, tornaram-se capazes de manipular essa força vibratória, uma vez que estavam plenamente conscientes dela. A capacidade deles de lidar com isso se tornou tão extraordinária que suas ações se transformaram em lendas, acontecimentos mitológicos que existiam apenas como fábulas. Por exemplo, uma das histórias que dom Juan contava a respeito dos antigos feiticeiros era que eles eram capazes de dissolver sua massa física simplesmente colocando a sua plena consciência e o seu *intento* naquela força.

Dom Juan afirmava que, embora eles fossem capazes de realmente atravessar um buraco de agulha se julgassem necessário, nunca ficavam bastante satisfeitos com o resultado dessa manobra de dissolverem sua massa. A razão para o descontentamento deles era que, uma vez que sua massa estava dissolvida, sua capacidade de ação desaparecia. Eles eram deixados com a alternativa de apenas testemunhar acontecimentos nos quais eram incapazes de participar. De acordo com dom Juan, a frustração decorrente e o resultado de estarem incapacitados para agir transformaram-se na falha condenatória deles: sua obsessão em descobrir a natureza daquela força vibratória, uma obsessão impelida pela sua determinação, que os fazia desejarem conter e controlar aquela força. O desejo fervoroso deles era sair da condição de ausência de massa parecida com a de um fantasma, algo que dom Juan dizia que nunca poderia ser realizado.

Os praticantes modernos, herdeiros culturais daqueles feiticeiros da antiguidade, tendo descoberto que não é possível ser concreto e utilitário com relação àquela força vibratória, optaram pela única alternativa racional: tornarem-se conscientes dessa força sem nenhum outro propósito em vista, a não ser a distinção e o bem-estar ocasionados pelo conhecimento.

— A única ocasião permissível — disse-me certa vez dom Juan — em que os modernos feiticeiros usam o poder dessa força aglutinadora vibratória é quando queimam por dentro, quando chega a hora de deixarem este mundo. Para os feiticeiros, é a própria simplicidade colocar sua consciência absoluta e total na força de ligação com o *intento* de queimar, e lá se vão eles, como uma lufada de ar.

Tensegridade

Tensegridade é a versão moderna dos passes mágicos dos xamãs do México antigo. A palavra tensegridade é uma definição mais apropriada, porque é uma mistura de dois termos, *tensão* e *integridade*: termos que significam as duas forças propulsoras dos passes mágicos. A atividade criada contraindo e relaxando os tendões e músculos do corpo é tensão. Integridade é o ato de considerar o corpo como uma unidade saudável, completa e perfeita.

A Tensegridade é ensinada como um sistema de movimentos, porque essa é a única maneira como poderia ser abordado o misterioso e vasto assunto dos passes mágicos em uma conjuntura moderna. As pessoas que hoje praticam Tensegridade não são praticantes xamãs em busca de alternativas xamanísticas que envolvam disciplina, esforço e privações rigorosos. Portanto, a ênfase dos passes mágicos precisa ser no valor deles como movimentos e em todas as consequências que tais movimentos acarretam.

Dom Juan Matus tinha explicado que, em relação aos passes mágicos, o primeiro impulso dos feiticeiros da sua linhagem que viveram no México em tempos antigos foi o de se saturarem com os movimentos. Eles organizaram cada postura, cada movimento do corpo, dos quais podiam se lembrar, em grupos. Acreditavam que, quanto mais extenso fosse o grupo, maior o seu efeito de saturação e maior a necessidade dos praticantes de usar suas memórias para lembrá-lo.

Após organizarem os passes mágicos em grandes grupos e praticarem-nos como sequências, os xamãs da linhagem de dom Juan julgaram que esse critério de saturação havia cumprido os seus objetivos e o suprimiram. Dali em diante, o desejado era o oposto: a fragmentação dos grandes grupos em segmentos simples, que eram praticados como unidades individuais independentes. A maneira como dom Juan Matus ensinou os passes mágicos para os seus quatro discípulos — Taisha Abelar, Florinda Donner-Grau, Carol Tiggs e eu — foi o produto dessa orientação para a fragmentação.

A opinião pessoal de dom Juan era que o benefício de praticar os grandes grupos era patentemente óbvio; tal prática forçava os iniciados xamãs a usarem a sua memória cinestética. Ele considerava o uso da memória cinestética como um verdadeiro prêmio no qual aqueles xamãs tinham tropeçado acidentalmente e que tinha o maravilhoso efeito de calar o barulho da mente: o diálogo interno.

Dom Juan tinha me explicado que a maneira como reforçamos nossa percepção do mundo e a mantemos fixada em determinado nível de eficácia e função é conversando com nós mesmos.

— Toda a raça humana — disse-me ele numa ocasião — mantém um determinado nível de função e eficácia através do diálogo interno. O diálogo interno é a chave para manter o ponto de aglutinação estacionário na posição compartilhada por toda a raça humana: na altura das omoplatas, a um braço de distância.

"Realizando o oposto do diálogo interno, isto é, o silêncio interior, os praticantes podem romper a fixação dos seus pontos de aglutinação, adquirindo assim uma extraordinária fluidez de percepção.

A prática de Tensegridade tem sido organizada em torno da realização dos grandes grupos que, na Tensegridade, foram renomeados como *séries* para evitar a implicação genérica de chamá-los simplesmente de *grupos*, como dom Juan fazia. Para realizar essa organização, foi necessário restabelecer os critérios da saturação que tinham inspirado a criação dos grandes grupos. Os praticantes de Tensegridade precisaram de anos de trabalho meticuloso e concentrado para reunir novamente um grande número de grupos desmembrados.

Restabelecer os critérios da saturação por meio da realização das grandes séries trouxe, como resultado, algo que dom Juan já havia definido como o objetivo moderno dos passes mágicos: a redistribuição de energia. Dom Juan estava convencido de que esse sempre tinha sido o objetivo não verbalizado dos passes mágicos, mesmo na época dos antigos feiticeiros. Os antigos feiticeiros não pareciam ter sabido disso, mas, mesmo que tenham sabido, nunca o conceitualizaram nesses termos. Por todas as indicações, o que os antigos feiticeiros buscavam avidamente e que experimentavam como sensação de bem-estar e de plenitude quando realizavam os passes mágicos era, em essência, o efeito da energia não utilizada sendo recuperada pelos centros de vitalidade no corpo.

Na Tensegridade, os grandes grupos foram reunidos novamente, e um grande número de fragmentos foi mantido como unidades funcionais simples. Essas unidades foram atadas com um propósito — por exemplo, o propósito de *intentar* ou o propósito de recapitulação ou o propósito de silêncio interior e assim por diante —, criando desse modo as séries da Tensegridade. Dessa maneira foi alcançado um sistema no qual os melhores resultados são buscados através da realização de grandes sequências de movimentos que definitivamente sobrecarregam a memória cinestética dos praticantes.

Em todos os outros aspectos, a maneira de ensinar Tensegridade é uma reprodução fiel da maneira como dom Juan ensinava os passes mágicos aos seus discípulos. Ele os inundava com uma profusão de detalhes, e deixava suas mentes atordoadas com a quantidade e a variedade dos passes mágicos ensinados e com a implicação de que cada um deles individualmente era um caminho para o infinito.

Os seus discípulos passaram anos acabrunhados, confusos e, acima de tudo, desanimados, porque achavam que serem inundados dessa maneira era uma investida injusta e violenta contra eles.

Uma vez, quando questionei dom Juan a respeito do assunto, ele me explicou:

— Quando ensino os passes mágicos a vocês, estou seguindo o estratagema dos feiticeiros tradicionais de *enevoar* a sua visão linear. Saturando a memória cinestética de vocês, estou lhes criando um caminho para o silêncio interior.

"Uma vez que todos nós estamos cheios até a borda com o que precisamos fazer e com o que não precisamos fazer no mundo da vida cotidiana, temos muito pouco espaço para a memória cinestética. Você deve ter notado que você não tem nenhum espaço. Quando quer imitar meus movimentos, não consegue permanecer me encarando; precisa ficar ao meu lado para estabelecer no seu próprio corpo o que é direito e o que é esquerdo. Agora, se uma grande sequência de movimentos lhe é apresentada, isso lhe custaria semanas de repetição para se lembrar de todos os movimentos. Enquanto você está tentando memorizar os movimentos, precisa abrir espaço para eles em sua memória afastando outras coisas do caminho. Esse era o efeito que os antigos feiticeiros buscavam.

A alegação de dom Juan era que, se seus discípulos continuassem a praticar obstinadamente os passes mágicos, apesar da confusão deles, chegariam a um limiar no qual sua energia redistribuída faria pender a balança, e eles seriam capazes de usar os passes mágicos com absoluta clareza.

Quando dom Juan fez essas declarações, mal consegui acreditar nelas. Contudo, em determinado momento, exatamente como ele havia dito, parei de ficar confuso e desanimado. De maneira muito misteriosa, os passes mágicos, uma vez que são mágicos, se organizaram em sequências extraordinárias que esclareceram tudo. Dom Juan explicou que a clareza que eu estava experimentando era o resultado da redistribuição da minha energia.

Hoje em dia, a preocupação das pessoas que praticam Tensegridade pode comparar-se exatamente à minha preocupação e à das outras discípulas de dom Juan quando começamos a realizar pela primeira vez os passes mágicos. Elas se sentem atordoadas com a quantidade de movimentos. Reitero para elas o que dom Juan reiterava repetidamente para mim: o que é de suprema importância é praticar qualquer que seja a sequência lembrada de Tensegridade. No final, a saturação levada adiante trará os resultados buscados pelos xamãs do México antigo: a redistribuição da energia e suas três qualidades concomitantes — a inibição do diálogo interno, a possibilidade do silêncio interior e a fluidez do ponto de aglutinação.

Como uma contribuição pessoal, posso dizer que, saturando-me com os passes mágicos, dom Juan realizou duas façanhas formidáveis: primeiro, trouxe para a superfície uma porção de recursos ocultos que eu tinha, mas que não sabia que existiam, como a capacidade de me concentrar e a capacidade de me lembrar de detalhes, e, segundo, rompeu gentilmente minha obsessão com o meu modo linear de interpretação.

Quando o questionei sobre o que eu estava experimentando a esse respeito, dom Juan me explicou:

— O que está acontecendo é que você está sentindo o advento do silêncio interior, uma vez que o seu diálogo interno tem sido minimamente silenciado. Um novo fluxo de coisas tem começado a entrar no seu campo de percepção. Essas coisas sempre estiveram lá, na periferia da sua consciência geral, mas você nunca teve energia suficiente para ficar deliberadamente consciente delas. À medida que você cancela o seu diálogo interno, outros itens de percepção começam a preencher o espaço que ficou vazio.

"O novo fluxo de energia que os passes mágicos trouxe para os seus centros de vitalidade está tornando o seu ponto de aglutinação mais fluido. Ele não está mais rigidamente paralisado. Você não está mais sendo dirigido pelos nossos medos ancestrais que nos tornam incapazes de dar um passo em qualquer direção. Os feiticeiros dizem que a energia nos torna livres, e essa é a absoluta verdade.

O estado ideal dos praticantes de Tensegridade, em relação aos movimentos da Tensegridade, é igual ao estado ideal de um praticante do xamanismo em relação à execução dos passes mágicos. Ambos estão sendo levados, por meio dos próprios movimentos, a uma culminação sem precedentes. De lá, os praticantes de Tensegridade serão capazes de executar, por si próprios, para qualquer que seja o efeito que considerem adequado, sem nenhum treinamento de fontes externas, qualquer movimento do volume de movimentos com o qual foram saturados. Serão capazes de executá-los com precisão e rapidez, como andam, comem, descansam ou fazem qualquer coisa, porque terão a energia para fazer isso.

A execução dos passes mágicos, como mostrados na Tensegridade, não requer necessariamente um espaço especial ou um tempo reservado com antecedência. Entretanto, os movimentos devem ser feitos longe de fortes correntes de ar. Dom Juan temia as correntes de ar em um corpo transpirando. Ele acreditava firmemente que nem todas as correntes de ar eram causadas pela elevação ou diminuição da temperatura na atmosfera e que, na verdade, algumas correntes de ar eram causadas por conglomerados de campos de energia consolidados, movimentando-se propositadamente através do espaço.

Dom Juan estava convencido de que tais conglomerados de campos de energia possuíam um tipo específico de consciência particularmente nocivo, porque normalmente os seres humanos não conseguem detectá-los e tornam-se indiscriminadamente expostos a eles. O efeito nocivo de tais conglomerados de campos de energia prevalece especialmente em uma grande metrópole, onde poderiam facilmente se disfarçar, como, por exemplo, o momento de inércia criado pela velocidade dos automóveis que passam.

Outra coisa para se ter em mente ao praticar Tensegridade é que, uma vez que o objetivo dos passes mágicos é algo estranho ao homem ocidental, deve ser feito um esforço para manter a prática de Tensegridade afastada das preocupações do nosso mundo cotidiano. A prática de Tensegridade não deve ser misturada com elementos com os quais já estamos totalmente familiarizados, como a conversa, a música, o som de um rádio ou o som de um repórter relatando as notícias, não importa quão abafado o som possa estar.

A estrutura da vida urbana moderna facilita a formação de grupos e, sob tais circunstâncias, a única maneira através da qual a Tensegridade pode ser ensinada e praticada nos seminários e nos cursos intensivos é em grupos de praticantes. Praticar em grupos é benéfico em muitos aspectos e prejudicial em outros. É benéfico porque permite a criação de um consenso de movimentos e a oportunidade de aprender pelo exame e pela comparação. É prejudicial porque encoraja a dependência a outras pessoas e o aparecimento de comandos sintáticos e de solicitações que têm a ver com hierarquia.

Dom Juan entendia que, uma vez que a totalidade do comportamento humano era regida pela linguagem, os seres humanos aprenderam a reagir ao que ele chamava de *comandos sintáticos*, fórmulas elogiosas ou depreciativas construídas na linguagem; por exemplo, as reações que cada indivíduo tem ou que omite ter diante de frases como: Nenhum problema; Pedaço de bolo; É hora de se preocupar; Você não poderia fazer melhor; Não consigo fazer isso; Meu pé é grande demais; Sou o melhor; Sou o pior do mundo; Eu poderia conviver com isso; Estou enfrentando; Tudo vai ficar bem etc. Dom Juan sustentava que o que os feiticeiros sempre desejaram, como regra básica, era fugir das atividades derivadas dos comandos sintáticos.

Originalmente, como dizia dom Juan, os passes mágicos eram ensinados e realizados pelos feiticeiros do México antigo individual, solitária, impulsivamente ou quando a necessidade surgisse. Ele os ensinava aos seus discípulos do mesmo modo. Dom Juan afirmava que, para os praticantes xamãs, o desafio de realizar os passes mágicos sempre tem sido o de executá-los com perfeição, mantendo em mente apenas a visão abstrata da sua perfeita execução. Idealmente, a Tensegridade deveria ser ensinada e praticada da mesma maneira. Entretanto, as condições da vida moderna e o fato de que o objetivo dos passes mágicos foi formulado para se aplicar a um grande número de pessoas tornam imperativo que uma nova abordagem seja assumida. A Tensegridade deve ser praticada da maneira mais fácil: ou em grupos ou sozinho ou ambos.

No meu caso particular, a prática de Tensegridade em grupos muito grandes tem sido mais que ideal, porque isso tem me dado a oportunidade única de testemunhar algo que dom Juan Matus e todos os feiticeiros da sua linhagem nunca testemunharam: os efeitos da *massa humana*. Dom Juan e todos os xamãs da sua linhagem, que ele considerava já ter 27 gerações, nunca foram capazes de testemunhar os efeitos da massa humana. Eles praticavam os passes mágicos sozinhos ou em grupos de no máximo cinco praticantes. Para eles, os passes mágicos eram altamente individualistas.

Se o número dos praticantes de Tensegridade passar de cem, uma corrente energética é formada quase instantaneamente entre eles. Essa corrente energética, que um xamã poderia ver facilmente, cria nos praticantes uma sensação de urgência. É como um vento vibratório que os varre e lhes dá os elementos fundamentais do propósito. Tenho tido o privilégio de ver algo que considero ser uma visão portentosa: o despertar do propósito, a base energética do homem. Dom Juan Matus costumava chamar isso de *intento inflexível*. Ele me ensinava que o *intento inflexível* é a ferramenta essencial para as pessoas que viajam para o desconhecido.

Um ponto muito importante a ser considerado ao praticar Tensegridade é que os movimentos devem ser executados com a noção de que o benefício dos passes mágicos surge por si próprio. Essa noção deve ser enfatizada a qualquer custo. No início é muito difícil discernir o fato de que Tensegridade não é um sistema-padrão de movimentos para desenvolver o corpo. De fato, ele desenvolve o corpo, mas apenas como um subproduto de um efeito mais transcendental. Redistribuindo a energia não utilizada, os passes mágicos podem conduzir os praticantes a um nível de consciência em que os parâmetros da percepção normal e tradicional são cancelados porque são expandidos. Assim, os praticantes podem ter a permissão até mesmo para entrar em mundos inimagináveis.

— Mas por que eu iria querer entrar nesses mundos? — perguntei a dom Juan quando ele descreveu esse efeito posterior dos passes mágicos.

— Porque você é uma criatura consciente, perceptiva, como o resto de nós — disse ele. — Os seres humanos estão em uma viagem de consciência que tem sido momentaneamente interrompida por forças exteriores. Acredite em mim, nós somos criaturas mágicas de consciência e percepção. Se não temos tal convicção, não temos nada.

Posteriormente, ele explicou que os seres humanos, desde o momento em que sua viagem de consciência foi interrompida, têm estado presos em um, por assim dizer, redemoinho e estão rodopiando ao redor, tendo a impressão de se moverem com a corrente e, no entanto, permanecendo estacionários.

— Leve minha palavra a sério — prosseguiu dom Juan —, porque não estou fazendo declarações arbitrárias. Minha palavra é o resultado de minha corroboração ao que os feiticeiros do México antigo descobriram: que nós, seres humanos, somos seres mágicos.

Precisei de trinta anos de árdua disciplina para chegar a um nível cognitivo no qual as declarações de dom Juan são reconhecíveis, e a validade delas está estabelecida além da sombra de qualquer dúvida. Agora sei que os seres humanos são criaturas de consciência envolvidas em uma evolucionária viagem de consciência; na verdade, seres desconhecidos para si próprios, repletos até a borda com recursos incríveis que nunca são utilizados.

As Seis Séries de Tensegridade

As seis séries que serão discutidas são as seguintes:

1. A série para preparar o *intento*
2. A série para o útero
3. A série das cinco preocupações: A série Westwood
4. A separação do corpo esquerdo e do corpo direito: A série do aquecimento
5. A série da masculinidade
6. A série para artefatos utilizados em conjunto com passes mágicos específicos

Os passes mágicos particulares de Tensegridade que compõem cada uma das seis séries seguem um critério de máxima eficácia. Em outras palavras, cada passe mágico é um ingrediente preciso de uma fórmula. Essa é uma réplica da maneira como as grandes séries dos passes mágicos eram originalmente utilizadas; cada série era suficiente em si mesma para produzir a máxima liberação da energia redistribuível.

Ao executar os passes mágicos, existem determinadas coisas que devem ser levadas em consideração para realizar os movimentos com máxima eficácia:

1. Todos os passes mágicos das seis séries podem ser repetidos quantas vezes se desejar, a menos que haja especificação em contrário. Se primeiro eles são fei-

tos com o lado esquerdo do corpo, devem ser repetidos um igual número de vezes com o lado direito. Como regra, cada passe mágico das seis séries começa com o lado esquerdo.

2. Os pés são mantidos separados em uma distância equivalente à largura dos ombros. Essa é uma maneira equilibrada de distribuir o peso do corpo. Se as pernas ficam separadas demais, o equilíbrio do corpo fica prejudicado. A mesma coisa acontece se ficam juntas demais. A melhor maneira para chegar a essa distância é começar de uma posição na qual os dois pés estão juntos (Fig. 1). Então, as pontas dos pés são giradas sobre os calcanhares fixos e abertas na forma da letra V (Fig. 2). Mudando o peso para as pontas dos pés, os calcanhares são girados para os lados a uma igual distância (Fig. 3). As pontas dos pés são trazidas para um alinhamento paralelo, e a distância entre os pés é aproximadamente a largura dos ombros. Aqui pode ser necessário um ajuste adicional para alcançar a largura desejada e obter o ótimo equilíbrio do corpo.

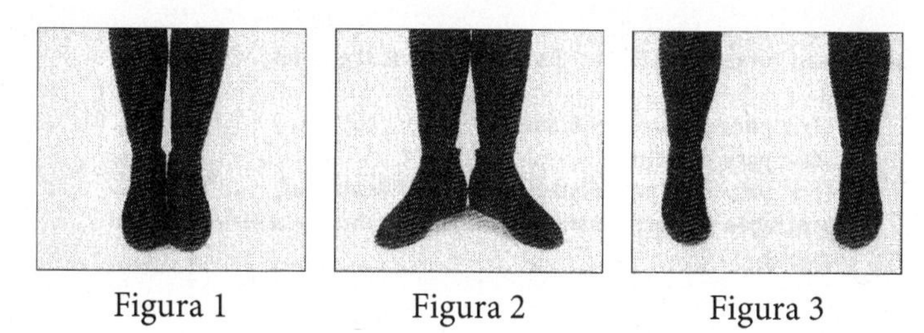

Figura 1 Figura 2 Figura 3

3. Durante a execução de todos os passes mágicos de Tensegridade, os joelhos são mantidos ligeiramente flexionados e assim, quando a pessoa está olhando para baixo, as rótulas bloqueiam a visão das pontas dos pés (Figs. 4 e 5), exceto nos casos de passes mágicos específicos nos quais os joelhos precisam estar contraídos. Tais casos são indicados na descrição desses passes. Ter os joelhos contraídos não significa que os tendões dos jarretes estejam prejudicialmente tensos, mas, ao contrário, contraídos de maneira delicada, sem uma força desnecessária.

Essa posição de flexionar os joelhos é um acréscimo moderno à execução dos passes mágicos que deriva das influências das épocas recentes. Um dos líderes da linhagem de dom Juan Matus foi o *nagual* Lujan, um marinheiro vindo da China cujo nome original era algo como Lo Ban. Ele veio para o México aproximadamente na virada do século XIX e ficou lá o resto de sua vida. Uma das mulheres feiticeiras do grupo de dom Juan Matus foi para o Oriente e estudou artes marciais. O próprio dom Juan Matus recomendava que os seus discípulos aprendessem a se movimentar de modo disciplinado adotando alguma forma de treinamento em artes marciais.

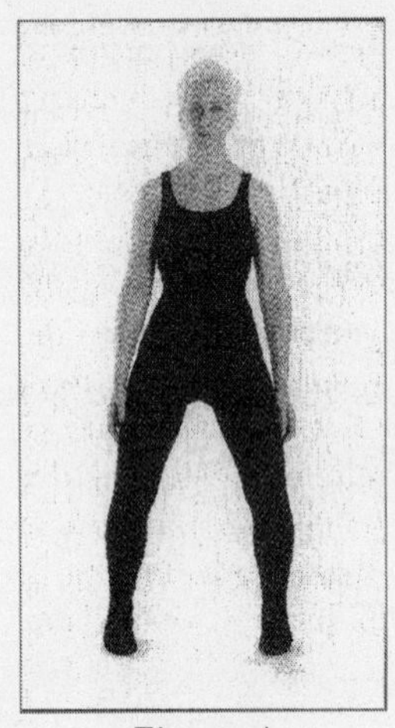

Figura 4

Figura 5

Outro ponto a ser considerado com referência à ligeira flexão dos joelhos é que, quando as pernas são movidas para a frente em um movimento de chute, os joelhos nunca são fustigados. Ao contrário, toda a perna deve ser movida pela tensão dos músculos das coxas. Movendo-se desse modo, os tendões dos joelhos nunca são prejudicados.

4. Os músculos da parte de trás das pernas devem estar tensionados (Fig. 6). Essa é uma realização muito difícil. A maioria das pessoas pode aprender facilmente a tensionar os músculos da parte da frente das pernas, mas os músculos da parte de trás ainda permanecem flácidos. Dom Juan dizia que é sempre nos músculos da parte de trás das coxas que a história pessoal está armazenada no corpo. Segundo ele, os sentimentos encontram o seu lugar ali e ficam estagnados. Ele sustentava que a dificuldade em modificar os padrões de comportamento podia facilmente ser atribuída à flacidez dos músculos da parte de trás das coxas.

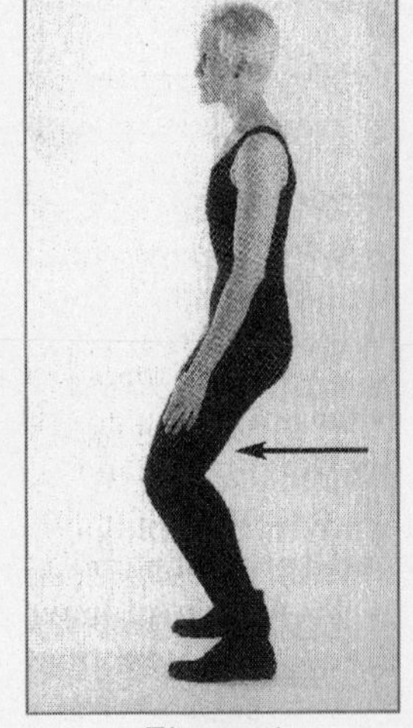

Figura 6

5. Durante a execução de todos esses passes mágicos, os braços estão sempre ligeiramente dobrados nos cotovelos — nunca totalmente estendidos — quando são movidos para atacar, evitando assim forçar os tendões dos cotovelos (Fig. 7).

6. O polegar deve ser sempre mantido em uma posição *contraída*, significando que deve ficar dobrado sobre o canto da mão. Ele não deve nunca se sobressair (Fig. 8). Os feiticeiros da linhagem de dom Juan consideravam o polegar um elemento crucial em termos de energia e função. Acreditavam que, na base do polegar, existiam pontos nos quais a energia pode ficar estagnada, pontos que podem regular o fluxo de energia no corpo. Para evitar uma tensão desnecessária ou dano resultante de sacudir vigorosamente a mão, adotaram a medida de pressionar os polegares contra os cantos da parte de dentro das mãos.

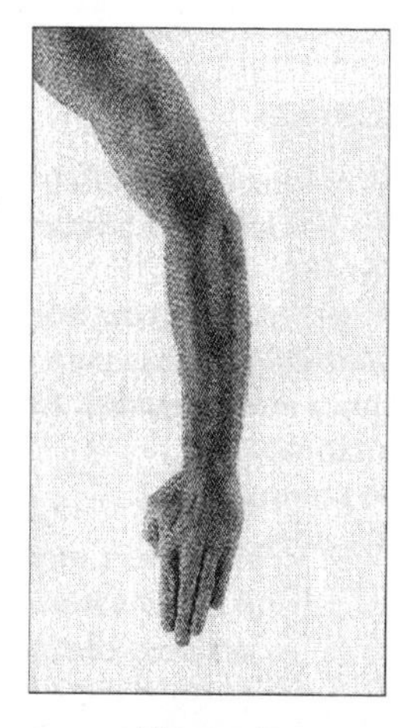

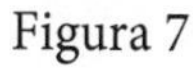
Figura 7

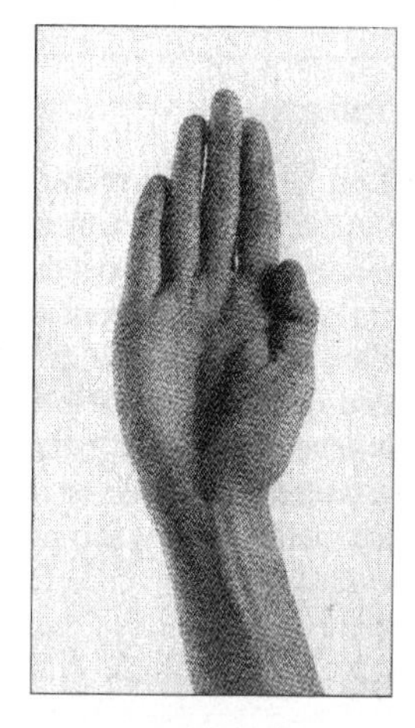

Figura 8

7. Com a mão fechada em punho, o dedo mínimo é erguido para evitar um punho angular (Fig. 9) no qual o terceiro, quarto e quinto dedos ficam rebaixados. A ideia é que, fazendo um punho quadrado (Fig. 10), o quarto e o quinto dedo precisam ser erguidos, criando assim uma tensão peculiar na axila, uma tensão muito desejável para o bem-estar geral.

8. As mãos, quando precisam estar abertas, são completamente estendidas. Os tendões das costas da mão estão trabalhando, apresentando a palma como uma superfície esticada e plana (Fig. 11). Dom Juan preferia uma palma plana para contrapor-se à tendência estabelecida, segundo ele, pela socialização de apresentar a mão com uma palma côncava (Fig. 12).

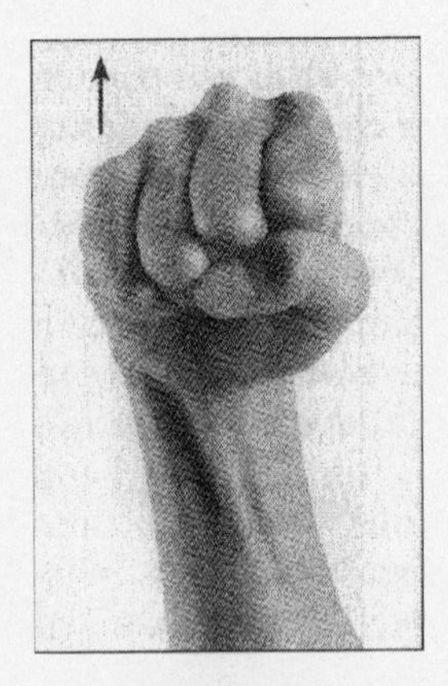

Figura 9

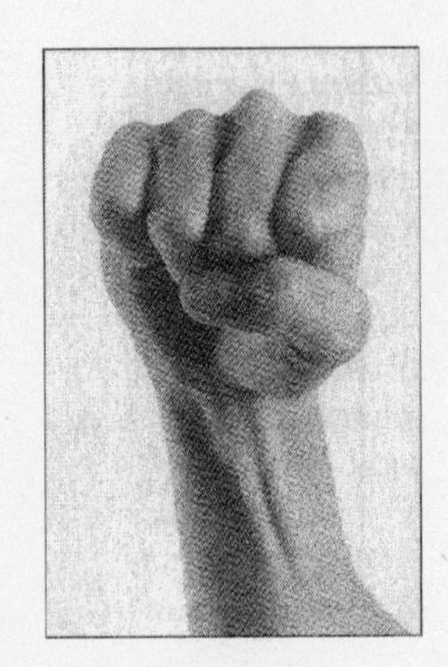

Figura 10

Ele dizia que uma palma da mão côncava era a palma da mão de um mendigo. Quem pratica os passes mágicos é um guerreiro, não um mendigo.

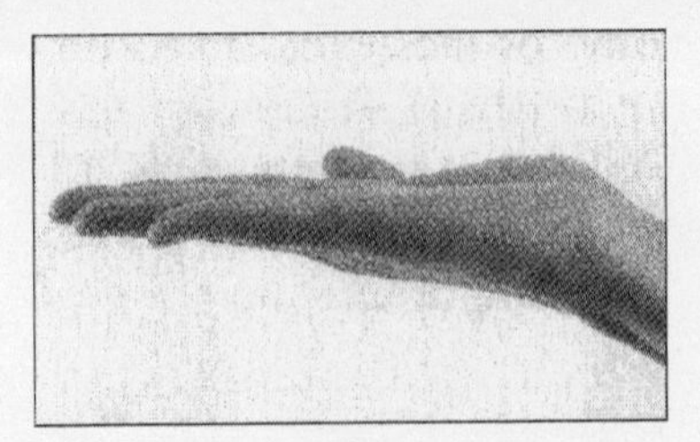

Figura 11

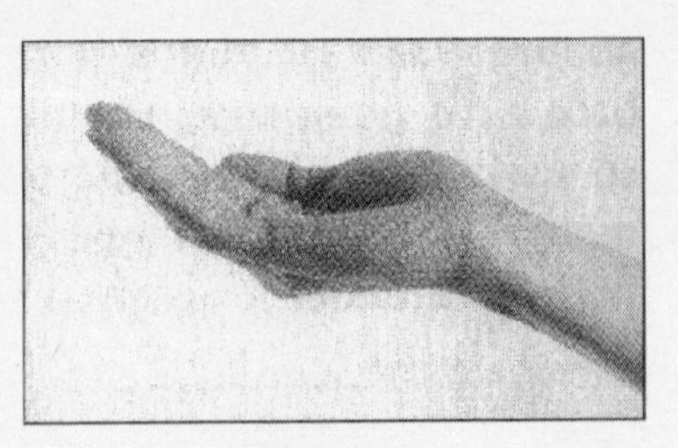

Figura 12

9. Quando os dedos precisam ser contraídos na altura do segundo nó e dobrados firmemente sobre a palma, os tendões nas costas da mão ficam tensionados ao máximo, especialmente os tendões do polegar (Fig. 13). Essa tensão dos tendões cria uma pressão nos pulsos e nos antebraços, áreas que os feiticeiros do México antigo acreditavam ser fundamentais para a promoção da saúde e do bem-estar.

10. Em muitos movimentos da Tensegridade, os pulsos precisam ser dobrados para a frente ou para trás, em um ângulo de aproximadamente 90º, por meio da contração dos tendões do antebraço (Fig. 14). Essa curvatura deve ser realizada lentamente, porque, na maior parte das vezes, o pulso é bastante inflexível e é importante que adquira a flexibilidade de virar as costas da mão para fazer um ângulo máximo com o antebraço.

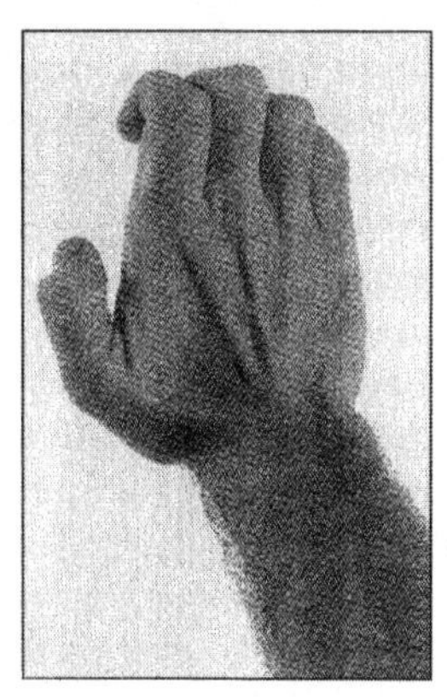

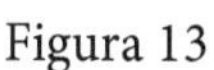

Figura 13

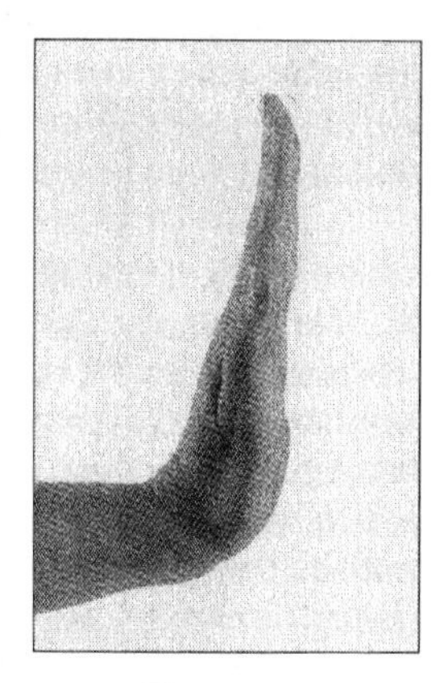

Figura 14

11. Outro ponto importante na prática de Tensegridade é uma ação que tem sido chamada de ligar o corpo. Essa é uma ação única na qual todos os músculos do corpo, e especificamente o diafragma, são contraídos de uma só vez. Os músculos do estômago e do abdômen são sacudidos, assim como os músculos em torno dos ombros e das omoplatas. Os braços e as pernas são tensionados de uma só vez com igual força, mas apenas por um instante (Figs. 15 e 16). À medida que os praticantes de Tensegridade progridem em sua prática, podem aprender a sustentar essa tensão durante um tempo maior.

Figura 15

Figura 16

Ligar o corpo não tem nada a ver com o estado de tensão corporal perene que parece ser a marca da nossa época. Quando o corpo está tenso com preocupações ou sobrecarga de trabalho e os músculos do pescoço estão tão duros quanto podem estar, o corpo não está, de modo algum, ligado. Relaxar os músculos e chegar a um estado de tranquilidade também não é desligar o corpo. A ideia dos feiticeiros do México antigo era que, com os seus passes mágicos, o corpo ficava em alerta; ficava pronto para a ação. Dom Juan Matus denominava essa condição de ligar o corpo. Ele dizia que, quando a tensão muscular de ligar o corpo cessa, o corpo é desligado naturalmente.

12. De acordo com dom Juan, o fôlego e a respiração eram de suprema importância para os feiticeiros do México antigo. Eles dividiam a respiração em respirar com a parte de cima dos pulmões, respirar com a parte média dos pulmões e respirar com o abdômen (Figs. 17, 18 e 19). dom Juan dizia que a respiração que expandia o diafragma era chamada de respiração animal, e eles a praticavam com assiduidade para obter longevidade e saúde.

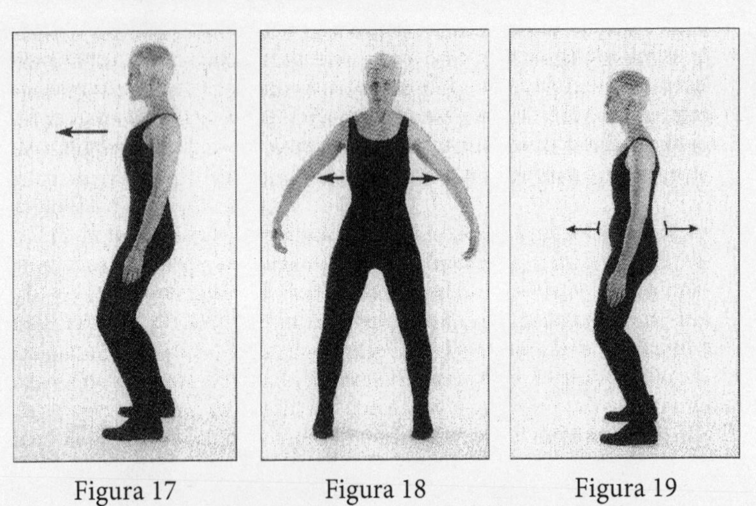

Figura 17 Figura 18 Figura 19

Dom Juan Matus acreditava que muitos dos problemas de saúde do homem moderno poderiam ser facilmente corrigidos através da respiração profunda. Ele sustentava que, nos dias de hoje, a tendência dos seres humanos é fazer inalações pouco profundas. Um dos objetivos dos feiticeiros do México antigo era, através dos passes mágicos, treinarem os seus corpos para inalar e exalar profundamente.

Portanto, nos movimentos de Tensegridade que requerem inalações e exalações profundas é altamente recomendado que os exercícios sejam realizados diminuindo a entrada e a saída do ar para fazer inalações e exalações mais longas e mais profundas.

Na Tensegridade, outro ponto importante referente à respiração é que, durante a execução dos movimentos de Tensegridade, a respiração é normal, a menos que seja especificada de outra maneira na descrição de algum passe mágico determinado.

13. Ao executar os movimentos de Tensegridade, outra consideração é a compreensão que os praticantes precisam ter de que, em essência, a Tensegridade é a ação recíproca entre relaxar e tensionar os músculos de partes escolhidas do corpo para chegar a uma explosão física muito desejada, que os feiticeiros do México antigo conheciam apenas como a energia dos tendões. Essa é uma verdadeira explosão dos nervos e dos tendões abaixo e no centro dos músculos.

Em qualquer passe mágico determinado, dado que a Tensegridade é a tensão e o relaxamento de músculos, a intensidade da tensão muscular e a extensão do tempo em que os músculos são mantidos naquele estado dependem da resistência dos participantes. É recomendado que, no início da sessão prática, a tensão seja mínima e a extensão do tempo seja a mais breve possível. À medida que o corpo fica mais aquecido a tensão deve ficar maior e a extensão do tempo também, mas sempre de forma moderada.

A PRIMEIRA SÉRIE

A Série para Preparar o *Intento*

Dom Juan Matus afirmava que, como organismos, os seres humanos realizam um esforço estupendo de percepção que infelizmente cria uma concepção equivocada, uma premissa falsa. Eles pegam livremente o influxo de energia pura do universo e o transformam em dados sensoriais que interpretam de acordo com um rigoroso sistema de interpretação que os feiticeiros chamam de a forma humana. Esse ato mágico de interpretar a energia pura faz surgir a concepção equivocada, a peculiar convicção dos seres humanos de que o seu sistema de interpretação é tudo que existe.

Dom Juan elucidava esse fenômeno com um exemplo. Dizia que árvore, como árvore é conhecida pelos seres humanos, é mais interpretação do que percepção. Ele salientava que, para os seres humanos estabelecerem a presença de uma árvore, tudo que precisam é de um vislumbre superficial que dificilmente lhes diz alguma coisa. O resto é um fenômeno que ele descrevia como o chamado do *intento*, o *intento* da árvore, isto é, a interpretação dos dados sensoriais pertencentes ao fenômeno específico que os seres humanos chamam de árvore. Ele declarava que todo o mundo dos seres humanos, assim como nesse exemplo, é composto de um repertório infinito de interpretações em que os sentidos humanos desempenham uma função mínima. Em outras palavras, só o sentido visual entra em contato com o influxo energético que vem livremente do universo, e o faz apenas de maneira superficial.

Ele sustentava que grande parte da atividade perceptiva dos seres humanos é interpretação, e que os seres humanos são do tipo de organismos que só precisam de um estímulo mínimo de percepção pura para criarem o seu mundo; ou que percebem apenas o suficiente para acionar o seu sistema de interpretação. O exemplo que dom Juan mais gostava era a maneira como ele dizia que construímos, *intentando*, algo tão assombroso e crucial como a Casa Branca. Ele chamava a Casa Branca de o local do poder do mundo moderno, o centro de todos os nossos esforços, esperanças, medos e assim por diante, como um conglomerado global de seres humanos para todos os propósitos práticos, a capital do mundo civilizado. Dizia que tudo isso não estava no domínio do abstrato ou mesmo no domínio de nossas mentes, mas no domínio do *intento*, porque, do ponto de vista do nosso impulso sensorial, a Casa Branca era um prédio que de modo algum tinha a riqueza, o campo de ação, a profundidade do conceito da Casa Branca. Acrescentava que, do ponto de vista do estímulo dos dados sensoriais, a Casa Branca, como todas as outras coisas no nosso mundo, era apreendida superficialmente apenas com o nosso sentido visual. Os nossos sentidos tátil, olfativo, auditivo e gustativo não estavam de modo algum envolvidos. A interpretação que aqueles sentidos poderiam fazer dos dados sensoriais em relação ao prédio da Casa Branca não teria nenhum significado.

Como um feiticeiro, a pergunta que dom Juan fazia era onde estava a Casa Branca. Respondendo à sua própria pergunta, ele dizia que com certeza ela não estava na nossa percepção nem mesmo em nossos pensamentos, mas em um domínio especial do *intento*, onde foi alimentada com todas as coisas a ela pertinentes. A alegação de dom Juan era a de que, de certa maneira, criar um universo total partindo do *intento* era a nossa magia.

Uma vez que o tema da primeira série de Tensegridade é preparar os praticantes para *intentar*, é importante recapitular a definição dos feiticeiros sobre *intento*. Para dom Juan, *intentar* era o ato tácito de preencher os espaços vazios deixados pela percepção sensorial direta ou o ato de enriquecer os fenômenos observáveis *intentando* uma totalidade que não existe do ponto de vista da percepção pura.

Dom Juan referia-se ao ato de *intentar* essa totalidade como chamar o *intento*. Tudo que ele explicava com relação ao *intento* apontava para o fato de que o ato de *intentar* não está no domínio do físico. Em outras palavras, não faz parte da fisicalidade do cérebro ou de qualquer outro órgão. Para dom Juan, o *intento* transcendia o mundo que conhecemos. É algo como uma onda energética, um raio de energia que se vincula a nós.

Devido à natureza extrínseca do *intento*, dom Juan fazia uma distinção entre o corpo como parte da cognição da vida cotidiana e o corpo como uma unidade energética que não fazia parte dessa cognição. Essa unidade energética incluía as partes invisíveis do corpo, como os órgãos internos e a energia que fluía através deles. Dom Juan afirmava que era com essa parte que a energia podia ser percebida diretamente.

Ele salientava que, devido à predominância da visão na nossa maneira habitual de perceber o mundo, os xamãs do México antigo descreviam o ato de apreender diretamente a energia como *ver*. Para eles, perceber a energia como ela fluía no universo significava que a energia adotava configurações específicas, não idiossincráticas, que se repetiam consistentemente, e que essas configurações podiam ser percebidas nos mesmos termos por qualquer pessoa que *visse*.

O exemplo mais importante que dom Juan Matus podia dar sobre essa consistência da energia em adotar configurações específicas era a percepção do corpo humano quando era visto diretamente como energia. Como já foi dito, xamãs como dom Juan percebem um ser humano como um conglomerado de campos de energia que dá a total impressão de uma esfera bem-definida de luminosidade. Tomada nesse sentido, a energia é descrita pelos xamãs como uma vibração que se aglutina em unidades coesivas. Os xamãs descrevem todo o universo como sendo composto de configurações de energia que aparecem para o olho que *vê* como filamentos ou fibras luminosas que estão atadas de todas as maneiras possíveis sem nunca ficarem emaranhadas. Essa é uma proposição incompreensível para a mente linear. Há uma contradição intrínseca que não pode ser solucionada: como aquelas fibras poderiam se estender em todas as direções possíveis e, ainda assim, não ficar emaranhadas?

Dom Juan enfatizava que os xamãs só eram capazes de descrever acontecimentos e que, se os seus termos de descrição pareciam inadequados e contraditórios, era devido às limitações da sintaxe. Contudo, suas descrições eram tão rigorosas quanto qualquer coisa poderia ser.

De acordo com dom Juan, os xamãs do México antigo descreviam o *intento* como uma força perene que permeia todo o universo — uma força que tem consciência de si própria a ponto de responder ao aceno ou ao comando dos xamãs. Por meio do *intento*, xamãs eram capazes de desencadear não só todas as possibilidades humanas de percepção, mas também todas as possibilidades humanas de ação. Através do *intento*, compreenderam as formulações mais complexas.

Dom Juan me ensinou que o limite da capacidade de percepção do homem é chamado de a faixa do homem, significando que existe um limite que marca as capacidades humanas ditadas pelo organismo humano. Esses limites não são meramente os limites tradicionais do pensamento sistemático, mas os limites da totalidade de recursos trancados dentro do organismo humano. Dom Juan acreditava que esses recursos nunca são utilizados, mas são mantidos *aprisionados* pelas ideias preconcebidas sobre as limitações humanas, limitações que não têm nada a ver com o verdadeiro potencial humano.

Dom Juan afirmava, tão categoricamente quanto era capaz de fazer, que, uma vez que a energia percebida como ela flui no universo não é arbitrária nem idiossincrática, os videntes testemunham formulações de energia que acontecem por si próprias e que não são moldadas pela interferência humana. Sendo assim, a percepção de tais formulações é, em si mesma e por si mesma, a chave que libera o potencial humano trancado no interior que normalmente nunca entra em ação. Para conseguir a percepção dessas formulações energéticas, a totalidade das capacidades humanas de percepção precisa estar envolvida.

A série para preparar o *intento* é dividida em quatro grupos. O primeiro é chamado de Preparar a energia para o *intento*. O segundo é chamado de Despertar a energia para o *intento*. O terceiro é chamado de Reunir energia para o *intento*, e o quarto é chamado de Inalar a energia do *intento*.

O Primeiro Grupo: *Preparar a Energia para o Intento*

Dom Juan me deu explicações que cobriam todas as nuanças de cada grupo de passes mágicos, que são a essência das grandes séries de Tensegridade.

— A energia essencial para lidar com o *intento* — disse ele quando estava me explicando as implicações energéticas desse grupo — é continuamente dissipada dos centros vitais localizados ao redor do fígado, do pâncreas e dos rins, e se deposita no fundo da esfera luminosa que nós somos. Essa energia precisa ser constantemente despertada e redirecionada. Os feiticeiros da minha linhagem eram muito enfáticos ao recomendar um despertar sistemático e controlado da energia com as pernas e os pés. Para eles, as longas caminhadas, que eram uma característica inevitável de suas vidas, resultavam em um despertar excessivo da energia que não servia para propósito algum. Por essa razão, as longas caminhadas eram o justo castigo deles, e o influxo de energia excessiva precisava ser equilibrado pela execução de passes mágicos específicos realizados enquanto estavam caminhando.

Dom Juan Matus me disse que esse conjunto, que consiste em 15 passes mágicos cuja função é despertar a energia com os pés e as pernas, era considerado pelos xamãs da sua linhagem a maneira mais eficaz de fazer o que chamavam de preparar a energia. Ele afirmava que cada um dos passos é um passe mágico que tem um controle inerente para a preparação da energia, e que os praticantes podem, se assim o desejarem, repetir esses passes mágicos centenas de vezes sem se preocuparem com um despertar excessivo da energia. Na visão de dom Juan, a energia para *intentar*, que foi excessivamente despertada, posteriormente acaba descongestionando os centros de vitalidade.

1. Moendo a Energia com os Pés

Para obter equilíbrio, o corpo gira, durante certo tempo, nas protuberâncias arredondadas dos pés (os dois ao mesmo tempo) da esquerda para a direita e da direita para a esquerda. Depois o peso do corpo é transferido para os calcanhares e, daí em diante, o giro é feito neles, com os dedos dos pés ligeiramente fora do chão enquanto o giro é executado e tocando o chão quando os pés alcançam a inclinação máxima.

Os braços são mantidos dobrados nos cotovelos com as mãos apontando para fora, as palmas viradas uma para a outra. Os braços se movem com um impulso dos ombros e das omoplatas. Esse movimento dos braços e das pernas feito ao mesmo tempo, como ao andar (o braço direito se move quando a perna esquerda se move e vice-versa), é responsável por um total envolvimento dos membros e dos órgãos internos (Figs. 20 e 21).

Figura 20

Figura 21

Um subproduto físico de moer a energia dessa forma é um aumento da circulação nos pés, nas panturrilhas e nas coxas subindo até a área da virilha. Através dos séculos, os xamãs também têm utilizado isso para restaurar a flexibilidade dos membros que foram prejudicados no uso diário.

2. Moendo a Energia com Três Deslizamentos dos Pés

Os pés são girados nos calcanhares, da mesma forma como no passe mágico anterior, três vezes. Faz-se uma pequena pausa e, depois, eles são girados três vezes novamente. É importante notar que, em todos os três primeiros passes mágicos desta série, a questão fundamental é o envolvimento dos braços que se movem de um lado para o outro vigorosamente.

Fazer do ato de moer a energia uma ocorrência descontínua aumenta o seu efeito. Um subproduto físico desse passe mágico é uma rápida onda de energia para ocasiões de correr, escapar do perigo, ou para qualquer coisa que requeira uma intervenção rápida.

3. Moendo a Energia Através de um Deslizamento da Lateral dos Pés

Os dois pés, girando nos calcanhares, movimentam-se para a esquerda; giram novamente para a esquerda nas protuberâncias arredondadas dos pés. A seguir giram uma terceira vez, ainda para a esquerda, mas novamente nos calcanhares (Figs. 22, 23 e 24). A sequência é invertida girando nos calcanhares para a direita; a seguir, nas protuberâncias arredondadas dos pés para a direita e, depois, novamente nos calcanhares para a direita.

Figura 22

Figura 23

Figura 24

Uma consequência física destes três passes mágicos é a aceleração da circulação em todo o corpo.

4. Misturando a Energia Batendo no Chão com os Calcanhares

Este passe mágico se assemelha a andar sem sair do lugar. O joelho é erguido rapidamente enquanto a ponta do pé fica no chão. O peso do corpo é carregado pela outra perna. O peso corporal muda de um lado para o outro, repousando em seja qual for a perna que permaneça apoiada, enquanto a outra executa o movimento. Os braços se movimentam da mesma maneira como no passe mágico anterior (Fig. 25).

Uma consequência física deste e do próximo passe mágico é muito parecida com a dos três passes mágicos precedentes: uma sensação de bem-estar que permeia a região pélvica após a realização dos movimentos.

Figura 25

5. Misturando a Energia Batendo no Chão Três Vezes com os Calcanhares

Este passe mágico é exatamente igual ao precedente, com a exceção de que o movimento dos joelhos e dos pés não é contínuo. Ele é interrompido após os calcanhares serem trazidos três vezes até o chão de forma alternada. A sequência é esquerda, direita, esquerda — pausa — direita, esquerda, direita e assim por diante.

Os primeiros cinco passes mágicos deste grupo permitem aos praticantes uma rápida onda de energia nos casos em que a energia é necessária na seção mediana ou na virilha; ou, por exemplo, quando precisam realizar uma corrida de longa distância ou subir rapidamente em pedras ou árvores.

6. Reunindo Energia com as Solas dos Pés e Erguendo-a para a Parte Interna das Pernas

As solas do pé esquerdo e do pé direito se elevam alternadamente até a parte interna da perna oposta, quase roçando nela. É importante arquear um pouco as pernas ficando com os joelhos flexionados (Fig. 26).

Figura 26

Neste passe mágico, a energia para *intentar* é forçada para cima do lado interno das pernas, que os xamãs consideram ser o local de armazenagem da memória cinestética. Este passe mágico é utilizado como um auxílio para liberar a memória dos movimentos ou para facilitar a retenção da memória de novos movimentos.

7. Despertando a Energia com os Joelhos

O joelho da perna esquerda é dobrado e girado para a direita o mais longe que puder alcançar, como se fosse dar um chute lateral com o joelho, enquanto o tronco e os braços são delicadamente girados o mais longe possível na direção oposta (Fig. 27). Depois, a perna esquerda é trazida de volta para uma posição em pé. O mesmo movimento é realizado com o joelho direito, alternando depois de um lado para o outro.

Figura 27

8. Empurrando para o Tronco a Energia Despertada com o Joelho

Este passe mágico é a continuação energética do precedente. O joelho esquerdo, flexionado ao máximo, é empurrado até o mais perto possível do tronco. O tronco fica ligeiramente encurvado para a frente. No momento em que o joelho é empurrado para cima, a ponta do pé aponta para o chão (Fig. 28). O mesmo movimento é executado com a perna direita e, depois, alternando as duas pernas.

Figura 28

Apontar o pé para o chão assegura que os tendões dos tornozelos estão tensionados, com o objetivo de sacudir centros diminutos ali, nos quais a energia se acumula. Os xamãs consideram esses centros, talvez, os mais importantes nos membros inferiores, tão importantes que poderiam despertar o resto dos centros diminutos de energia no corpo através da execução deste passe mágico. Este passe mágico e o precedente são executados juntos com o objetivo de projetar a energia para intentar reunida com os joelhos até os dois centros de vitalidade em torno do fígado e do pâncreas.

9. Chutando Energia para a Frente e para Trás do Corpo

Um chute para a frente com a perna esquerda é seguido de um chute para trás com a perna direita (Figs. 29 e 30). Depois a ordem é invertida, e um chute para a frente é dado com a perna direita, seguido de um chute para trás com a perna esquerda.

Os braços são mantidos dos lados, porque este passe mágico envolve apenas os membros inferiores, dando-lhes flexibilidade. O objetivo é erguer a perna que chuta para a frente o mais alto possível e a perna que chuta para trás também o mais alto possível. Ao executar o chute para trás, o tronco deve ser ligeiramente inclinado para a frente para facilitar o movimento. Essa ligeira inclinação do tronco para a frente é utilizada como uma forma natural de absorver a energia despertada com os membros. Este passe mágico é realizado para ajudar o corpo quando surgem problemas de digestão por causa de uma mudança na dieta ou quando existe a necessidade de viajar grandes distâncias.

Figura 29

Figura 30

10. Erguendo a Energia das Solas dos Pés

O joelho esquerdo é flexionado agudamente enquanto é erguido em direção ao tronco o mais alto possível. O tronco é ligeiramente curvado para a frente, quase tocando o joelho. Os braços se projetam para baixo fazendo um torno que segura a sola do pé (Fig. 31). O ideal seria segurar a sola do pé de modo muito leve soltando-a imediatamente. O pé volta para o chão enquanto os braços e as mãos, com uma vigorosa sacudida que envolve os ombros e os músculos peitorais, erguem-se ao longo das laterais das pernas até o nível do pâncreas e do baço (Fig. 32). Os mesmos movimentos são realizados com o pé direito, e as mãos são erguidas até o nível do fígado e da vesícula biliar. Os movimentos são realizados alternando as duas pernas.

Figura 31

Figura 32

Como no caso do passe mágico anterior, curvar o tronco para a frente permite que a energia das solas dos pés seja transferida para os dois centros vitais de energia em torno do fígado e do pâncreas. Este passe mágico é utilizado para ajudar a obter flexibilidade e para aliviar problemas de digestão.

11. Empurrando para Baixo uma Parede de Energia

O pé esquerdo, com o joelho agudamente flexionado, é erguido até a altura dos quadris; depois empurra para baixo com a ponta do pé curvada para cima como se estivesse empurrando um objeto sólido (Fig. 33). Tão logo o pé seja trazido para baixo, o pé direito é erguido da mesma maneira e o movimento é repetido alternando os pés.

Figura 33

12. Passando por Cima de uma Barreira de Energia

A perna esquerda é agilmente erguida como se fosse passar por cima de uma barreira que está localizada lateralmente em frente ao corpo. A perna faz um círculo da esquerda para a direita (Fig. 34) e, quando a perna volta para o chão, a outra perna é erguida para executar o mesmo movimento.

Figura 34

13. Chutando um Portão Lateral

Este é um empurrão em forma de chute com as solas dos pés. A perna esquerda é erguida até o meio da panturrilha e o pé empurra para a direita do corpo como se fosse bater em um objeto sólido, usando toda a sola do pé como uma superfície para bater (Fig. 35). Depois o pé é trazido de volta para o lado esquerdo e o mesmo movimento é repetido com a perna e o pé direito.

Figura 35

14. Rachando uma Pepita de Energia

O pé esquerdo é erguido com a ponta apontando agudamente para o chão. O joelho se projeta, bem flexionado, diretamente para a frente. Depois o pé desce com um movimento controlado, batendo no chão como se estivesse rachando uma pepita (Fig. 36). Assim que a ponta do pé bate no chão, o pé retorna à sua posição original de descanso e o mesmo movimento é repetido com a outra perna e o outro pé.

15. Desfazendo-se do Lodo de Energia

O pé esquerdo é erguido um pouco acima do chão; toda a perna é trazida para a frente e depois empurrada vigorosamente para trás com o pé roçando ligeiramente o chão como se estivesse raspando alguma coisa da sola do pé (Fig. 37). O peso do corpo é carregado pela perna oposta, e o tronco se inclina um pouco para a frente para envolver os músculos do estômago enquanto este passe mágico é executado. Assim que o pé esquerdo retorna à sua posição normal, o mesmo movimento é repetido com o pé e a perna direita.

Os xamãs chamam os cinco últimos passes mágicos deste grupo de Passos na Natureza. São passes mágicos que os praticantes podem executar enquanto andam, conduzem os seus negócios ou mesmo quando estão sentados conversando com pessoas. A função deles é reunir energia com os pés e utilizá-la com as pernas para situações em que a concentração e o rápido uso da memória são requeridos.

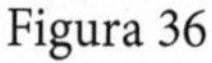

Figura 36

Figura 37

O Segundo Grupo: Despertar a Energia para o *Intento*

Os dez passes mágicos do segundo grupo têm a ver com despertar a energia para *intentar* das áreas logo abaixo dos joelhos, acima da cabeça, em torno dos rins, do fígado e do pâncreas, do plexo solar e do pescoço. Cada um desses passes mágicos é uma ferramenta que desperta exclusivamente a energia pertinente ao *intento* que está acumulada nessas áreas. Os xamãs consideram esses passes mágicos essenciais para a vida diária porque, para eles, a vida é regida pelo *intento*.

Para os xamãs, esse conjunto de passes mágicos talvez seja o que uma xícara de café é para o homem moderno. O lema dos nossos dias: "Eu não sou ninguém até tomar o meu cappuccino", ou o lema de uma geração passada: "Eu não desperto até tomar a minha xícara de java", para eles é traduzido como: "Eu não estou pronto para coisa alguma até ter executado esses passes mágicos."

O segundo grupo desta série começa pelo ato que tem sido chamado de ligando o corpo. (Ver pág. 43, Figs. 15 e 16.)

16. Despertando a Energia com os Pés e os Braços

Após o corpo ter sido "ligado", ele é mantido numa posição ligeiramente abaixada (Fig. 38). O peso é colocado na perna direita enquanto a perna esquerda faz um círculo completo, roçando o chão com as pontas dos dedos, parando sobre a protuberância arredondada do pé em frente ao corpo. O braço esquerdo, sincronizado com a perna, faz um círculo cujo topo vai acima do nível da cabeça. Há uma ligeira pausa da perna e do braço (Fig. 39) e eles desenham mais dois círculos sucessivos, perfazendo um total de três (Fig. 40). O ritmo deste passe mágico é dado contando: um, ligeira pausa, um-um, depois uma pausa bem pequena; dois, pausa, dois-dois, depois uma pausa bem pequena e assim por diante. Os mesmos movimentos são executados com a perna e o braço direito.

Este passe mágico desperta com os pés a energia do fundo da bola luminosa e a projeta com os braços para a área logo acima da cabeça.

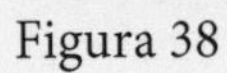

Figura 38

Figura 39

Figura 40

17. Rolando a Energia das Glândulas Suprarrenais

Os antebraços são colocados atrás do corpo, sobre a área dos rins e das glândulas suprarrenais. Os cotovelos são dobrados a um ângulo de 90°, e as mãos são fechadas em punho, ficando a uma pequena distância do corpo sem tocá-lo. Os punhos se movimentam em rotação para baixo, um em cima do outro, começando com o punho esquerdo se movendo para baixo. O punho direito o segue, movendo-se para baixo quando o punho esquerdo se move para cima. O tronco se inclina ligeiramente para a frente (Fig. 41). Depois o movimento é invertido e os punhos rolam na direção oposta com o tronco ligeiramente inclinado para trás (Fig. 42). Inclinar o corpo para a frente e para trás dessa maneira envolve os músculos da parte superior dos braços e dos ombros.

Este passe mágico é usado para suprir as glândulas suprarrenais e os rins com a energia do *intento.*

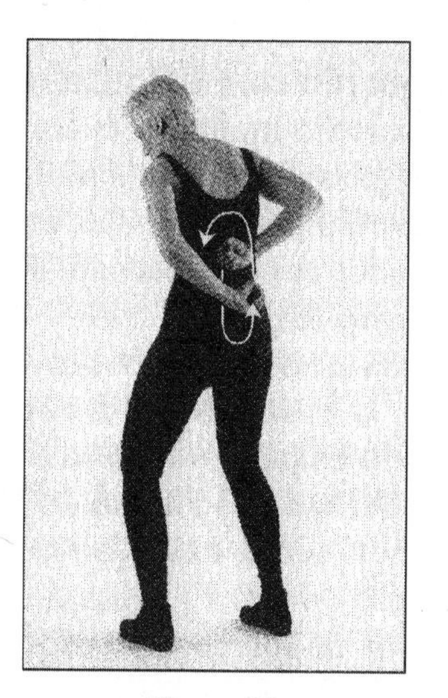

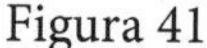

Figura 41

Figura 42

18. Despertando a Energia para as Glândulas Suprarrenais

O tronco é curvado para a frente com os joelhos se projetando além da linha dos dedos dos pés. As mãos repousam acima das rótulas com os dedos caindo sobre elas. Depois a mão esquerda gira para o lado direito sobre a rótula, fazendo o cotovelo se projetar o máximo possível em alinhamento com o joelho esquerdo

(Fig. 43). Ao mesmo tempo o antebraço direito, com a mão ainda acima da rótula, repousa toda a sua extensão sobre a coxa direita, enquanto o joelho direito é retraído envolvendo o tendão do jarrete. É importante mover só os joelhos e não balançar o traseiro de um lado para outro.

Os mesmos movimentos são realizados com o braço e a perna direita (Fig. 44).

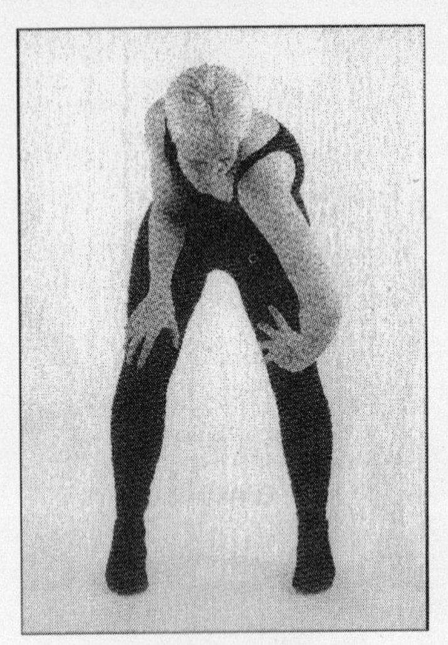

Figura 43

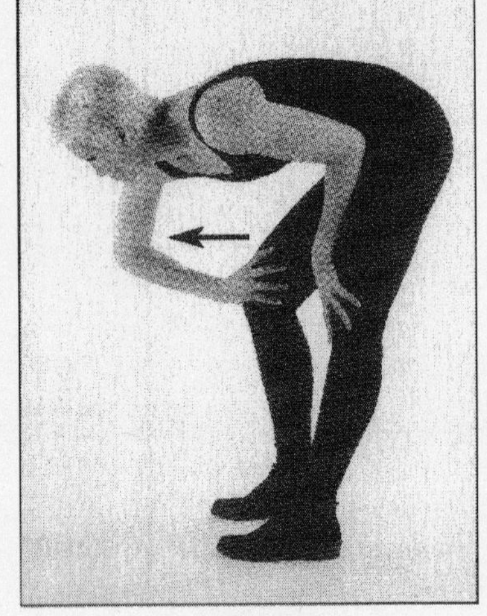

Figura 44

Este passe mágico é empregado para despertar a energia do *intento* em torno dos rins e das glândulas suprarrenais. Traz aos praticantes uma resistência duradoura e uma sensação de ousadia e autoconfiança.

19. Fundindo a Energia do Lado Esquerdo com a do Lado Direito

Faz-se uma inalação profunda. Uma exalação muito lenta começa enquanto o antebraço esquerdo é trazido para a frente dos ombros com o cotovelo dobrado a um ângulo de 90°. O pulso é dobrado para trás o máximo possível, com os dedos apontando para a frente e a palma da mão virada para o lado direito (Fig. 45).

Enquanto o braço permanece nessa posição, o tronco é curvado para a frente agudamente até que o braço esquerdo projetado alcance o nível dos joelhos. O cotovelo esquerdo deve ser impedido de cair em direção ao chão e deve ser mantido afastado dos joelhos e o mais para a frente possível. A lenta exalação continua, enquanto o braço direito faz um círculo completo sobre a cabeça e a mão direita vem parar bem perto dos dedos da mão esquerda. A palma da mão direita está virada para o corpo, e os dedos estão apontando em direção ao chão. A cabeça está virada para baixo com o pescoço mantido reto. A exalação termina e, naquela posição, respira-se fundo. Todos os músculos das costas, dos braços e das pernas são contraídos enquanto o ar é lenta e profundamente inalado (Fig. 46).

O corpo se endireita enquanto uma exalação é feita e o passe mágico completo é iniciado novamente com o braço direito.

Figura 45

Figura 46

O estiramento máximo dos braços para a frente permite a criação de uma abertura no vórtice energético do centro dos rins e das glândulas suprarrenais. Essa abertura permite a utilização ótima da energia redistribuída. Este passe mágico é essencial para a redistribuição de energia para aquele centro que é responsável, em termos gerais, por uma vitalidade global e pela juventude do corpo.

20. Perfurando o Corpo com um Feixe de Energia

O braço esquerdo é colocado contra o corpo em frente ao umbigo e o braço direito logo atrás do corpo no mesmo nível. Os pulsos são agudamente dobrados e os dedos apontam para o chão. A palma da mão esquerda fica virada para o lado direito, e a palma da mão direita fica virada para o lado esquerdo (Fig. 47). As pontas dos dedos de ambas as mãos são erguidas rapidamente apontando em linha reta para a frente e para trás. Todo o corpo é tensionado, e os joelhos são dobrados no instante em que os dedos apontam para a frente e para trás (Fig. 48).

As mãos são mantidas naquela posição por um momento. Depois os músculos são relaxados, as pernas são endireitadas e os braços são girados até que o braço direito esteja na frente e o esquerdo atrás. Como no início deste passe mágico, as pontas dos dedos apontam para o chão e são novamente erguidas rapidamente até apontar em linha reta para a frente e para trás, novamente com uma ligeira exalação; os joelhos são dobrados.

Figura 47

Figura 48

Através deste passe mágico, uma linha divisória, que separa a energia do lado esquerdo e a energia do lado direito, é estabelecida no meio do corpo.

21. Girando a Energia sobre os Dois Centros de Vitalidade

É uma boa ideia começar colocando as mãos viradas uma para a outra, como um artifício para manter as mãos alinhadas. Os dedos são mantidos abertos e em forma de garra como se cada mão fosse segurar a tampa de uma jarra do tamanho da mão. Depois a mão direita é colocada sobre a área do pâncreas e do baço virada para o corpo. A mão esquerda é colocada atrás do corpo sobre a área do rim e da glândula suprarrenal esquerda, também com a palma virada para o corpo. Depois os dois pulsos são dobrados agudamente para trás, enquanto o tronco se vira o mais para a esquerda possível, mantendo os joelhos no lugar. A seguir as duas mãos giram nos pulsos, ao mesmo tempo, em um movimento para os lados como se estivessem desatarraxando as tampas de duas jarras, uma no pâncreas e no baço e a outra no rim esquerdo (Fig. 49).

O mesmo movimento é executado invertendo a ordem, colocando a mão esquerda na frente ao nível do fígado e da vesícula biliar e a mão direita nas costas ao nível do rim direito.

Figura 49

Com o auxílio deste passe mágico, a energia é despertada nos três principais centros de vitalidade: o fígado e a vesícula biliar, o pâncreas e o baço, e os rins e as glândulas suprarrenais. É um passe mágico indispensável para aquelas pessoas que precisam estar vigilantes. Facilita uma percepção global e aumenta a sensibilidade dos praticantes em relação ao seu ambiente.

22. O Semicírculo de Energia

Um semicírculo é desenhado com a mão esquerda começando em frente ao rosto. A mão se movimenta ligeiramente para a direita até alcançar o nível do ombro direito (Fig. 50). Lá, a mão vira e desenha a borda interna de um semicírculo para o lado esquerdo do corpo (Fig. 51). A mão vira novamente nas costas (Fig. 52), desenha a borda externa do semicírculo (Fig. 53) e então retorna à sua posição inicial. O semicírculo completo é inclinado, partindo do nível dos olhos na frente e terminando no nível abaixo do traseiro nas costas. É importante seguir com os olhos o movimento da mão.

Figura 50 Figura 51 Figura 52 Figura 53

Uma vez que o semicírculo desenhado com o braço esquerdo esteja completo, outro é desenhado com o braço direito, cercando assim o corpo com dois semicírculos. Esses dois semicírculos são desenhados para despertar a energia e para facilitar o deslizamento da energia da região acima da cabeça até a região das glândulas suprarrenais. Este passe mágico é um veículo para obter uma intensa sobriedade sustentada.

23. Despertando a Energia ao Redor do Pescoço

A mão esquerda, com a palma virada para cima, e a mão direita, com a palma virada para baixo, são colocadas em frente ao corpo ao nível do plexo solar. A mão direita fica por cima da esquerda, quase tocando-a. Os cotovelos são agudamente dobrados. É feita uma profunda inalação. Os braços são ligeiramente erguidos enquanto o tronco gira o mais para a esquerda possível sem mover as pernas, especialmente os joelhos, que estão ligeiramente dobrados para evitar qualquer tensão desnecessária nos tendões. A cabeça é mantida em alinhamento com o tronco e os ombros. Uma exalação começa enquanto os cotovelos são delicadamente afastados um do outro até a extensão máxima, mantendo os pulsos retos (Fig. 54). É feita uma inalação. Uma exalação começa quando a cabeça é virada delicadamente até as costas para olhar o cotovelo esquerdo e depois até a frente para olhar o cotovelo direito. A rotação da cabeça para trás e para a frente é repetida duas outras vezes enquanto a exalação termina.

Figura 54

O tronco é virado para a frente, e as mãos trocam de posição. A mão direita passa a ficar virada para cima, enquanto a mão esquerda passa a ficar virada para baixo, por cima da mão direita. Faz-se novamente uma inalação. Depois o tronco é virado para a direita e os mesmos movimentos são repetidos no lado direito.

Os xamãs acreditam que um tipo especial de energia para intentar é dispersado do centro das decisões, localizado na parte côncava do V na base do pescoço, e que essa energia é reunida exclusivamente com este passe mágico.

24. Massageando a Energia com um Empurrão das Omoplatas

Os dois braços são colocados em frente ao rosto, ao nível dos olhos, com os cotovelos dobrados o suficiente para dar aos braços a aparência de um arco (Fig. 55). O tronco é ligeiramente inclinado para a frente para permitir que as omoplatas se expandam lateralmente. O movimento começa empurrando o braço esquerdo para a frente enquanto ele é mantido arqueado e tenso (Fig. 56). O braço direito segue; e os braços se movimentam de forma alternada. É importante observar que os braços são mantidos extremamente tensos. As palmas das mãos são viradas para a frente e as pontas dos dedos são viradas umas para as outras. A força motriz dos braços é criada pelo profundo movimento das omoplatas e pela tensão dos músculos estomacais.

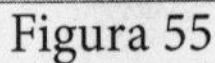
Figura 55

Figura 56

Os xamãs acreditam que a energia nos gânglios ao redor das omoplatas fica facilmente imobilizada e se torna estagnada, ocasionando a decadência do centro das decisões localizado no ponto V na base do pescoço. Este passe mágico é empregado para despertar essa energia.

25. Despertando e Rachando a Energia acima da Cabeça

O braço esquerdo se movimenta de maneira relaxada fazendo dois círculos e meio acima e ao redor da cabeça (Fig. 57). Depois aqueles círculos são rachados com a parte externa do antebraço e da mão, que descem vigorosa, mas muito lentamente (Fig. 58). O impacto é absorvido pelos músculos do estômago que estão tensos nesse momento. Os músculos do braço são mantidos firmes para evitar danos aos tendões que poderiam ocorrer se os músculos do braço estivessem frouxos ou se o braço fosse fustigado. O ar é exalado suavemente enquanto o braço golpeia para baixo. O mesmo movimento é repetido com o braço direito.

Figura 57

Figura 58

A energia despertada e rachada dessa forma, verte de cima para baixo por todo o corpo. Quando os praticantes estão excessivamente cansados, mas não podem ir dormir, executar este passe mágico dispersa a sonolência e proporciona uma sensação de prontidão temporária.

O Terceiro Grupo: Reunir Energia para o *Intento*

Os nove passes mágicos do terceiro grupo são empregados para trazer aos três centros de vitalidade em torno do fígado, do pâncreas e dos rins a energia especializada que foi despertada através dos passes mágicos do grupo anterior. Os passes mágicos deste grupo devem ser realizados lentamente e com máxima deliberação. Os xamãs recomendam que, ao executar estes passes, o estado de espírito seja de silêncio total e de *intento inflexível*, para reunir a energia necessária para *intentar.*

Todos os passes mágicos do terceiro grupo começam com um rápido sacudir das mãos que são mantidas nas laterais do corpo, com os braços pendendo em uma posição normal. As mãos sacodem como se os dedos estivessem vibrando na parte de baixo, tomados por um tremor. Uma vibração dessa natureza era considerada a maneira de despertar a energia ao redor dos quadris e também de estimular centros diminutos de energia, onde a energia poderia estar estagnada, nas costas das mãos e nos pulsos.

O efeito global dos três primeiros passes mágicos deste grupo é o de vitalidade e bem-estar generalizado, uma vez que a energia é carregada para os três principais centros vitais na parte inferior do corpo.

26. Procurando Alcançar a Energia Despertada abaixo dos Joelhos

Um pequeno salto para a frente é feito com a perna esquerda, impelida pela perna direita. O tronco é acentuadamente inclinado para a frente, e o braço esquerdo é estendido para apanhar alguma coisa que está quase ao nível do chão (Fig. 59). Depois a perna esquerda volta à posição em pé e a palma esquerda é imediatamente esfregada sobre o centro vital de energia do lado direito: o fígado e a vesícula biliar.

Figura 59

O mesmo movimento é repetido com a perna e o braço direito, esfregando a palma sobre o centro vital do lado esquerdo: o pâncreas e o baço.

27. Transportando a Energia Frontal para as Glândulas Suprarrenais

Enquanto as mãos se sacodem, é feita uma profunda inalação. Depois o braço esquerdo é lançado reto para a frente do corpo, ao nível dos ombros, com a palma da mão virada para a esquerda, enquanto todo o ar é rapidamente exalado (Fig. 60). A seguir começa uma inalação muito lenta enquanto o pulso gira da esquerda para a direita fazendo um círculo completo, como se estivesse escavando uma bola de matéria sólida (Fig. 61). Depois a inalação continua enquanto o pulso gira novamente de volta para a sua posição inicial com a palma virada para a esquerda. A seguir, com se tivesse segurando a bola, o braço esquerdo faz um semicírculo mantendo o mesmo nível do ombro. Esse movimento termina quando a parte de trás do pulso dobrado é colocada sobre o rim esquerdo. É importante que a inalação contínua seja feita para durar o tempo do giro do braço da frente para trás. Depois desse movimento ter sido executado, o braço direito faz um movimento circular para a frente do corpo, terminando quando a parte de trás do pulso dobrado toca a área logo abaixo do púbis. A cabeça é virada para a esquerda para olhar as costas (Fig. 62). A seguir, a mão esquerda, que está segurando a bola, vira para o corpo e estraçalha a bola contra o rim e a glândula suprarrenal esquerda. Depois a palma da mão é delicadamente esfregada sobre aquela área enquanto uma exalação é feita.

O mesmo movimento é executado invertendo-se os braços e virando a cabeça para a direita.

Figura 60

Figura 61

Figura 62

28. Escavando Energia da Esquerda e da Direita

Os braços são movidos para os lados do corpo e depois, com as mãos curvadas, são erguidos para o lado de dentro do corpo. As mãos vão roçando o torso até alcançar as axilas, enquanto uma profunda inalação é feita (Fig. 63). A seguir os braços são estendidos lateralmente com as palmas para baixo, enquanto o ar é exalado vigorosamente. É feita uma profunda inalação enquanto as mãos tomam a forma de concha e são giradas nos pulsos até as palmas ficarem viradas para cima, com se estivessem escavando alguma coisa sólida (Fig. 64). Depois, dobrando rapidamente os cotovelos, as mãos são trazidas de volta para o nível do ombro enquanto a inalação continua (Fig. 65). Esse movimento envolve as omoplatas e os músculos do pescoço. Após manter essa posição por um instante, os braços são novamente estendidos lateralmente, com uma rápida exalação. As palmas viradas para baixo. Novamente como se estivessem escavando uma substância sólida, as palmas das mãos tomam a forma de concha e giram para cima. As mãos ligeiramente encurvadas são trazidas de volta para o nível do ombro, como antes. Esses movimentos são repetidos mais uma vez, fazendo um total de três vezes. Depois as palmas esfregam delicadamente sobre os dois centros vitais ao redor do fígado e ao redor do pâncreas, enquanto o ar é exalado.

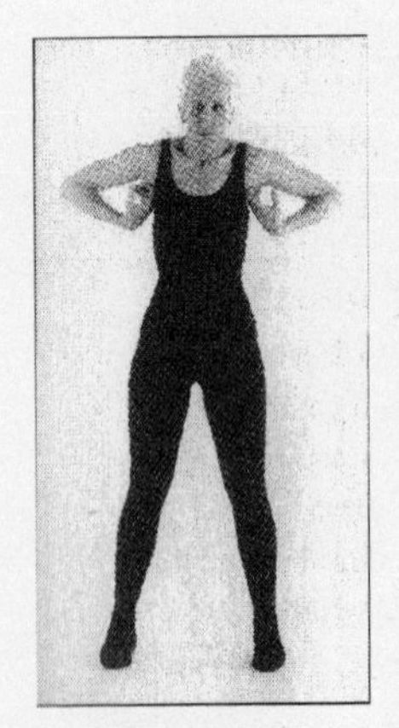

Figura 63

Figura 64

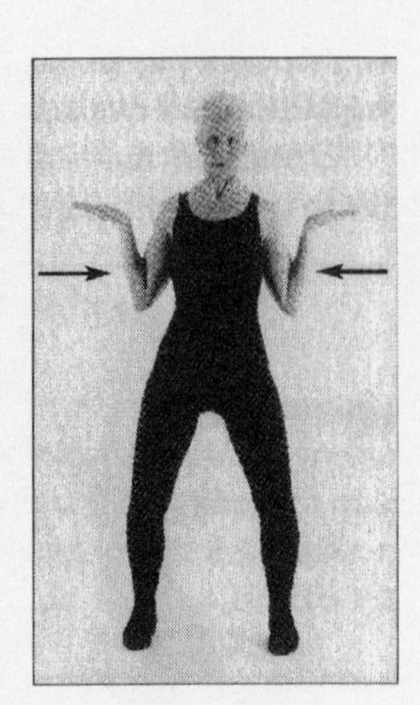

Figura 65

29. Quebrando o Círculo de Energia

Um círculo é feito movendo o braço esquerdo até o ombro direito (Fig. 66), depois até as costas, passando bem perto da frente do corpo (Fig. 67) e para fora novamente até a frente do rosto (Fig. 68). Esse movimento do braço esquerdo é coordenado com o mesmo movimento feito com o braço direito. Os dois braços se movem de forma alternada criando um círculo inclinado em torno de todo o corpo. Depois um passo para trás e para a esquerda é dado com o pé direito, seguido por um passo para a direita com o pé esquerdo, girando assim para ficar voltado para a direção oposta.

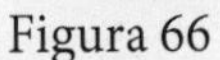

Figura 66

Figura 67

Figura 68

Depois o braço esquerdo é arqueado ao redor do lado esquerdo do círculo, como se o círculo fosse um objeto sólido que o braço esquerdo pressiona contra a axila e a área do peito. Depois o braço direito executa o mesmo movimento no lado direito, tratando o círculo como se ele fosse um objeto sólido (Fig. 69). É feita uma profunda inalação, e o círculo é quebrado de ambos os lados através da tensão de todo o corpo, especialmente dos braços que são trazidos ao mesmo tempo até o peito. Depois as palmas esfregam delicadamente nos respectivos centros de vitalidade na frente do corpo, enquanto o ar é exalado.

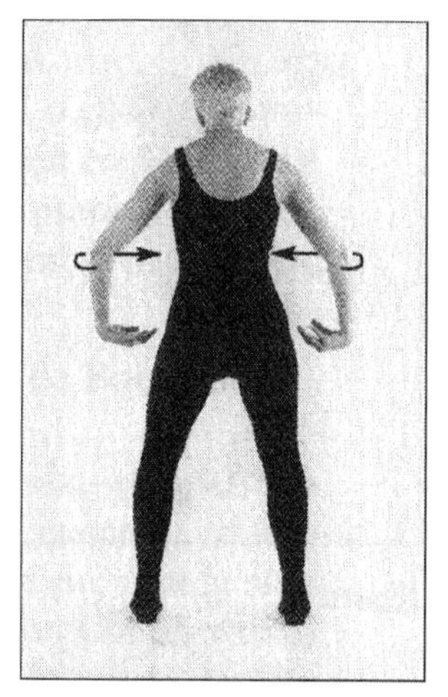

Figura 69

Os usos deste passe são bastante esotéricos, porque têm a ver com a clareza do *intento* necessária para tomar decisões. Este passe mágico é utilizado para expandir a energia das decisões acumulada ao redor do pescoço.

30. Reunindo Energia da Frente do Corpo logo acima da Cabeça

É feita uma profunda inalação enquanto as mãos se sacodem. Os dois braços são trazidos ao nível do rosto com os punhos cerrados, cruzados em X, com o braço esquerdo mais próximo do rosto e o lado de dentro das palmas em punho virado para o rosto. Depois os braços são estendidos um pouco para a frente enquanto os pulsos giram um sobre o outro até as palmas em punho ficarem viradas para baixo (Fig. 70). Dessa posição, o ombro e a omoplata esquerda são estendidos para a frente enquanto começa uma exalação. O ombro esquerdo é recuado enquanto o direito vai para a frente. A seguir os braços cruzados são erguidos acima da cabeça, e a exalação termina.

É feita uma lenta e profunda inalação enquanto os braços cruzados fazem um círculo completo, movendo-se para a direita, passando pela frente do corpo quase ao nível dos joelhos, depois pela esquerda e voltando à sua posição inicial logo acima da cabeça (Fig. 71). Depois os braços são vigorosamente separados enquanto uma longa exalação começa (Fig. 72). De lá, enquanto a exalação continua, os braços se movem o mais para trás possível desenhando um círculo que se completa quando os punhos são trazidos para a frente ao nível dos olhos, com a parte interna das palmas em punho em direção ao rosto (Fig. 73). Depois os braços são novamente cruzados. Os pulsos giram um sobre o outro enquanto as mãos são abertas e colocadas contra o corpo, a mão direita na área do pâncreas e do baço e a mão esquerda na área do fígado e da vesícula biliar. O corpo se inclina para a frente na cintura a um ângulo de 90º enquanto a exalação termina (Fig. 74).

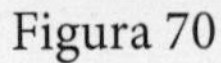

Figura 70

Figura 71

Figura 72

O uso deste passe mágico é duplo: primeiro, desperta a energia ao redor das omoplatas e a transporta para um lugar acima da cabeça. De lá, faz a energia circular em um amplo círculo que toca as bordas da esfera luminosa. Segundo, mistura a energia da esquerda e da direita colocando-a nos dois centros de vitalidade em torno do pâncreas e do fígado, cada mão no centro oposto.

Figura 73

Figura 74

Misturar energia de tal forma proporciona um choque de grande magnitude para os respectivos centros de vitalidade. À medida que os praticantes se tornam mais competentes em sua prática, o choque se torna mais penetrante e adquire a qualidade de um filtro de energia, que é uma declaração incompreensível até que este passe seja praticado. A sensação que o acompanha poderia ser descrita como respirar ar mentolado.

31. Despertando e Agarrando a Energia da parte de baixo dos Joelhos e de cima da Cabeça

É feita uma inalação enquanto as mãos se sacodem. Ambas as mãos são trazidas pelas laterais do corpo até o nível da cintura e mantidas relaxadas. Os joelhos são flexionados enquanto a mão esquerda é empurrada para baixo com o pulso girado de modo que a palma fique virada para fora, distante do corpo, como se estivesse entrando em um balde cheio de uma substância líquida. Esse movimento é realizado ao mesmo tempo que a mão direita se projeta acima da cabeça com igual força; o pulso direito também é girado para que a palma fique virada para fora, distante do corpo (Fig. 75). Uma lenta exalação começa quando os dois braços atingem a sua extensão máxima. Os pulsos retornam com grande força a uma posição reta ao mesmo tempo que as mãos se fecham em punhos, como se agarrando alguma coisa sólida. Mantendo os punhos cerrados, a exalação continua enquanto o braço direito é trazido para baixo e o braço esquerdo é trazido para cima ao nível da cintura, lentamente e com grande força como se estivessem passando com dificuldade através de um líquido pesado (Fig. 76). Depois as palmas esfregam delicadamente nas áreas do fígado e da vesícula biliar e do pâncreas e do baço. Nesse ponto os joelhos voltam à posição normal e a exalação termina (Fig. 77).

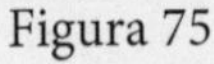

Figura 75 Figura 76 Figura 77

O mesmo movimento é executado com os braços trocados; o braço direito mergulha para baixo enquanto o esquerdo empurra para cima.

A energia para *intentar* que é extraída da parte de baixo dos joelhos e de cima da cabeça, neste passe mágico, também pode ser esfregada nas áreas dos rins esquerdo e direito.

32. Misturando a Energia da Esquerda e da Direita

Uma inalação é feita enquanto as mãos se sacodem. O braço esquerdo, em diagonal, alcança a extrema direita acima da cabeça e em linha com o ombro direito, enquanto uma exalação começa (Fig. 78). A mão se fecha como se estivesse agarrando um punhado de matéria, arranca-o e o traz para uma posição acima da cabeça e em linha com o ombro esquerdo, onde a exalação termina. A mão permanece agarrando, e uma profunda inalação é feita enquanto o braço esquerdo gira para trás em um círculo completo (Fig. 79), que termina em um punho ao nível dos olhos. Com uma exalação, o punho é trazido para baixo, lentamente, mas com grande vigor, até o centro vital ao redor do pâncreas, e a palma esfrega suavemente essa área (Fig. 80).

O mesmo movimento é repetido com o braço direito. Mas ao invés de mover-se em um círculo para trás, o braço direito se move em um círculo para a frente.

Na crença dos xamãs a energia dos dois lados do corpo é diferente. A energia da esquerda é retratada como sendo ondular e a energia da direita como sendo circular. Este passe mágico é usado para aplicar energia circular na esquerda e energia ondular na direita, com o objetivo de fortalecer os centros de vitalidade ao redor do fígado e do pâncreas através do influxo de energia ligeiramente diferente.

Figura 78

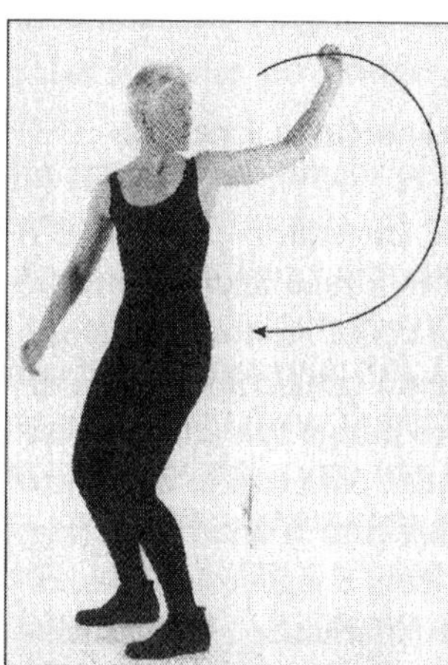

Figura 79

Figura 80

33. Agarrando Energia de cima da Cabeça para os Dois Centros Vitais

Começando ao nível da orelha, o braço esquerdo circula duas vezes para a frente (Fig. 81) e depois é estendido sobre a cabeça como se fosse segurar alguma coisa (Fig. 82). Enquanto esse movimento é executado, é feita uma profunda inalação que termina no momento em que a mão agarra como se fosse segurar algo acima da cabeça. Dom Juan recomendava que os olhos, com um rápido vislumbre para cima, escolhessem o alvo para a mão agarrar. O que quer que for escolhido e agarrado depois é arrancado vigorosamente para baixo e colocado sobre o centro vital ao redor do pâncreas e do baço. Nesse ponto o ar é exalado. O mesmo movimento é realizado com o braço direito, e a energia é colocada sobre o centro ao redor do fígado e da vesícula biliar.

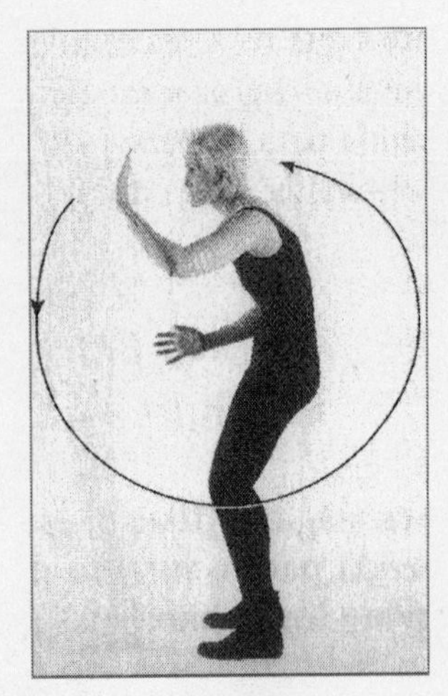

Figura 81

Figura 82

De acordo com os xamãs, a energia do *intento* tende a gravitar para baixo, e um aspecto mais refinado da mesma energia permanece na área acima da cabeça. Essa energia é reunida com este passe mágico.

34. Procurando Alcançar a Energia acima da Cabeça

O braço esquerdo é estendido para cima o máximo possível, com a mão aberta como se fosse agarrar alguma coisa. Ao mesmo tempo o corpo é impelido para cima com a perna direita. Quando o salto atinge sua altura máxima, a mão vira no pulso para o lado de dentro formando um gancho com o antebraço (Fig. 83), o qual, depois, lenta e vigorosamente, escava para baixo. Imediatamente a mão esquerda esfrega ao redor do centro vital do pâncreas e do baço.

Figura 83

Esse movimento é realizado com o braço direito exatamente do mesmo modo como o foi com o esquerdo. A mão direita esfrega imediatamente ao redor do centro vital do fígado e da vesícula biliar.

Os xamãs acreditam que a energia armazenada ao redor da periferia da bola luminosa que os seres humanos são pode ser despertada e reunida por meio de saltar-se vigorosamente para cima. Este passe mágico é usado como ajuda para dispersar problemas acarretados pela concentração em determinada tarefa durante longos períodos de tempo.

O Quarto Grupo: Inalar a Energia do *Intento*

Os três passes mágicos deste grupo são para despertar, reunir e transportar a energia para o *intento* de três centros — ao redor dos pés, nos tornozelos e logo abaixo das rótulas — e colocá-la nos centros de vitalidade ao redor dos rins, do fígado, do pâncreas, do útero e dos órgãos genitais. A recomendação aos praticantes na execução destes passes mágicos é que, uma vez que são acompanhados por respirações, as inalações e exalações devem ser lentas e profundas e que deve haver, da parte dos praticantes, um *intento* claro como o cristal de que as glândulas suprarrenais recebam um impulso instantâneo enquanto são feitas as respirações profundas.

35. Arrastando a Energia das Rótulas ao Longo da Parte Dianteira das Coxas

Uma profunda inalação é feita enquanto os braços pendem nas laterais e as mãos balançam em um tremor contínuo como se estivessem agitando uma matéria gasosa. Uma exalação começa enquanto as mãos são erguidas até a cintura e as palmas das mãos, de cada lado do corpo, golpeiam para baixo ao mesmo tempo e com grande vigor (Fig. 84). Os braços são ligeiramente dobrados para que as palmas das mãos fiquem um pouco abaixo do estômago. As mãos ficam afastadas do corpo uns nove a 12 centímetros, mantidas em ângulos de 90º com os antebraços, com os dedos apontando para fora. Lentamente e sem se tocarem, as mãos fazem um círculo para dentro em direção à frente do corpo. Os músculos dos braços, do estômago e das pernas estão totalmente contraídos (Fig. 85). Um segundo círculo é desenhado da mesma forma enquanto o ar é totalmente expelido através dos dentes cerrados.

Figura 84

Figura 85

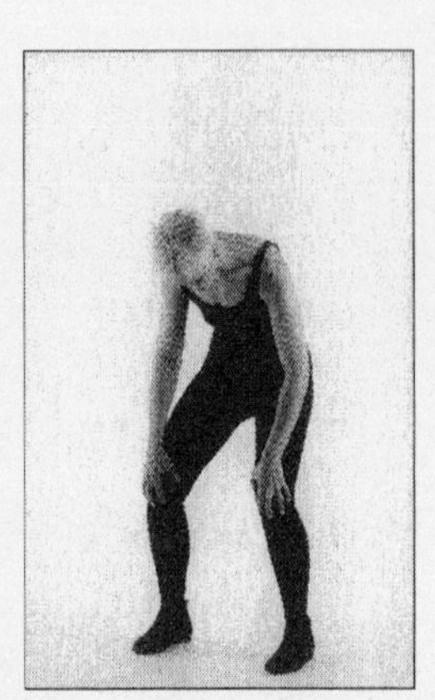
Figura 86

Outra inalação profunda é feita, e o ar é lentamente exalado enquanto três outros círculos internos são desenhados em frente ao corpo. Depois as mãos são recuadas para a frente dos quadris e deslizam pela parte dianteira das coxas com a parte de trás das palmas, os dedos ligeiramente levantados, todo o caminho até as rótulas. O ar é totalmente exalado. Uma terceira inalação profunda é feita enquanto as pontas dos dedos pressionam a parte de baixo das rótulas. A cabeça é mantida virada para baixo, em linha com a espinha (Fig. 86). Depois, enquanto os joelhos dobrados são endireitados, as mãos, com os dedos em forma de garra, são arrastadas pelas coxas até os quadris, enquanto o ar é lentamente exalado. Com a última porção da exalação, as mãos são esfregadas nos respectivos centros de vitalidade ao redor do pâncreas e do fígado.

36. Arrastando a Energia das Laterais das Pernas

Uma inalação é feita enquanto as mãos, mantidas nas laterais do corpo, se sacodem com um tremor contínuo. As mãos golpeiam para baixo exatamente como no passe mágico anterior. Uma exalação começa ali enquanto as mãos desenham, de maneira semelhante, dois pequenos círculos exteriores nas laterais do corpo. Os músculos dos braços, do estômago e das pernas estão tensionados ao máximo. Os cotovelos são mantidos firmes, mas ligeiramente dobrados (Fig. 87).

Após os dois círculos terem sido desenhados, todo o ar é expelido e uma inalação profunda é feita. Três outros círculos exteriores são desenhados enquanto o ar é lentamente exalado. Depois as mãos são trazidas para as laterais dos quadris.

Os dedos são ligeiramente erguidos enquanto a parte de trás das palmas esfregam todo o caminho para baixo das laterais das pernas até os dedos alcançarem as protuberâncias exteriores dos tornozelos. A cabeça está virada para baixo em linha com o corpo (Fig. 88). A exalação termina ali e uma profunda inalação é feita com os dedos indicador e médio pressionando as partes de baixo das protuberâncias (Fig. 89). Uma lenta exalação começa enquanto as mãos, com os dedos em garra, são arrastadas pelas laterais das pernas até os quadris. A exalação é terminada enquanto as palmas estão esfregando os dois respectivos centros de vitalidade.

Figura 87

Figura 88

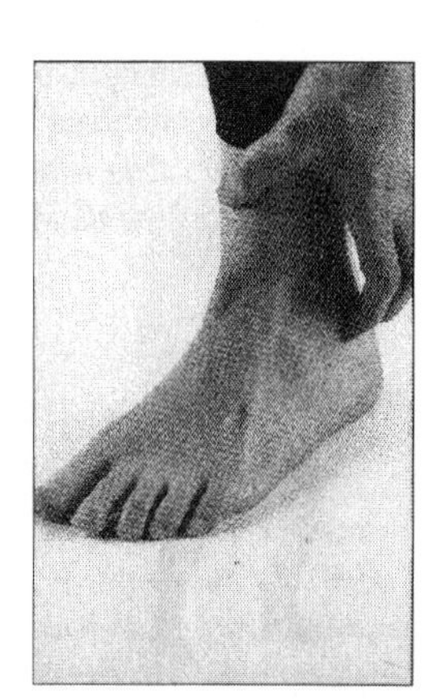

Figura 89

37. Arrastando a Energia da Parte Dianteira das Pernas

Novamente uma profunda inalação é feita enquanto as mãos, mantidas nas laterais do corpo, são sacudidas. Os dois braços fazem um círculo pelas laterais do corpo, começando em direção às costas e indo acima da cabeça (Fig. 90) para se abaterem vigorosamente na frente do corpo, com as palmas viradas para baixo e os dedos apontando para a frente. Ali começa uma lenta exalação enquanto as mãos, começando com a esquerda, movimentam-se para a frente e para trás três vezes, em sequência alternada, como se estivessem deslizando sobre uma superfície lisa. A exalação termina quando as partes de trás das palmas das mãos estão tocando a caixa torácica (Fig. 91). Então uma profunda inalação é feita. A mão esquerda se mexe em um movimento deslizante para a esquerda seguida pela mão direita deslizando para a direita. Essa sequência é executada um total de três vezes em sucessão alternada, terminando com a parte de trás das palmas novamente contra a caixa torácica, com os polegares quase se tocando (Fig. 92). A seguir as duas mãos deslizam pela parte dianteira das pernas até atingirem os tendões na parte da frente dos tornozelos (Fig. 93). A exalação termina ali. Uma profunda inalação é feita enquanto os tendões são tensionados pela elevação dos dedões dos pés até que pareçam prestes a estourar. Os dedos indicador e médio de cada mão pressionam os tendões para fazê-los vibrar (Fig. 94). Com os dedos em garra, as mãos são arrastadas pela parte dianteira das pernas até os quadris, enquanto uma lenta exalação começa. As palmas são delicadamente esfregadas nos centros de vitalidade enquanto a exalação termina.

Figura 90

Figura 91

Figura 92

Figura 93

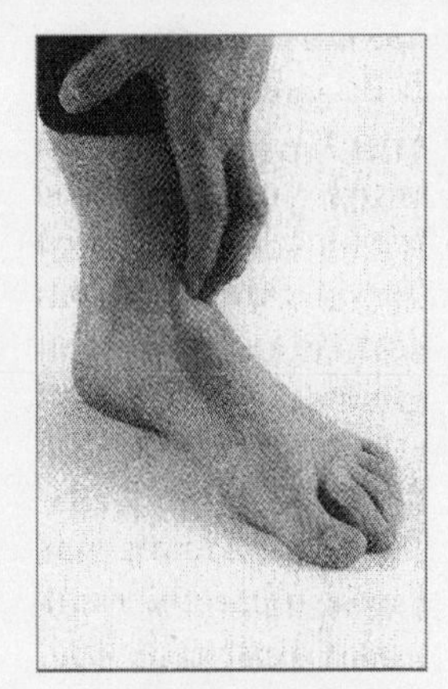

Figura 94

A SEGUNDA SÉRIE

A Série para o Útero

De acordo com dom Juan Matus, um dos interesses mais específicos dos xamãs que viviam no México nos tempos antigos era o que eles chamavam de a liberação do útero. Ele explicava que a liberação do útero acarretava o despertar das suas funções secundárias e que, já que a função primária do útero, sob circunstâncias normais, era a reprodução, esses feiticeiros estavam interessados unicamente naquilo que consideravam ser sua função secundária: a evolução. Para eles, no caso do útero, a evolução era o despertar e a plena utilização da capacidade do útero de processar o conhecimento direto, isto é, a possibilidade de apreender dados sensoriais e interpretá-los diretamente, sem a ajuda dos processos de interpretação com os quais estamos familiarizados.

Para os xamãs, o momento em que os praticantes são transformados de seres que estão socializados para reproduzir em seres capazes de evoluir é o momento em que eles se tornam conscientes de que podem *ver* a energia como ela flui no universo. Na opinião dos xamãs, as mulheres podem *ver* a energia diretamente com mais facilidade que os homens devido ao efeito dos seus úteros. Também é opinião deles que, sob condições normais, independentemente da facilidade que as mulheres têm, é quase impossível para as mulheres ou para os homens se tornarem deliberadamente conscientes de que podem *ver* a energia diretamente. A razão para essa incapacidade é algo que os xamãs consideram ser uma caricatura: o fato de não existir ninguém para ressaltar aos seres humanos que é natural eles *verem* a energia diretamente.

Os xamãs afirmam que as mulheres, porque têm um útero, são tão versáteis, tão individualistas em sua capacidade de *ver* a energia diretamente, que essa realização, que deveria ser um triunfo do espírito humano, não é reconhecida. As mulheres nunca estão conscientes de suas capacidades. A esse respeito os homens são mais competentes. Já que para eles é mais difícil *ver* a energia diretamente, quando realizam essa façanha dão mais valor a ela. Consequentemente, os feiticeiros do sexo masculino foram os que estabeleceram os parâmetros de perceber a energia diretamente e os que tentaram descrever o fenômeno.

— A premissa básica da feitiçaria descoberta pelos xamãs da minha linhagem, que viveram no México nos tempos antigos — disse-me um dia dom Juan —, é a de que *nós somos perceptivos.* A totalidade do corpo humano é um instrumento de percepção. Entretanto, a predominância em nós do visual dá à percepção a disposição global dos olhos. De acordo com os antigos feiticeiros, essa disposição é simplesmente a herança de um estado puramente predatório.

"O esforço dos antigos feiticeiros, que permaneceu até os nossos dias, era engendrado no sentido de se colocarem além do domínio do olho predador. Eles concebiam o olho predador como visual por excelência, e o domínio além do olho predador como o domínio da percepção pura, que não é visualmente orientada.

Em outra ocasião, ele falou que o pomo de discórdia para os feiticeiros do México antigo era o fato de as mulheres, que têm a estrutura orgânica, o útero, que poderia facilitar a entrada delas no domínio da percepção pura, não terem nenhum interesse em utilizá-lo. Tais xamãs viam isso como o paradoxo da mulher: ter poder infinito à sua disposição e nenhum interesse em obter acesso a ele. Contudo dom Juan não tinha nenhuma dúvida de que essa falta de desejo em fazer alguma coisa não era natural; era aprendida.

O objetivo dos passes mágicos para o útero é proporcionar às praticantes femininas de Tensegridade uma noção, que precisa ser mais que um estímulo intelectual agradável, da possibilidade de cancelar o efeito dessa nociva socialização que torna as mulheres indiferentes. No entanto, cabe uma advertência: dom Juan Matus aconselhava suas discípulas a procederem com grande cautela ao praticar estes passes mágicos. Os passes mágicos para o útero são passes que promovem o despertar das funções secundárias do útero e dos ovários, e essas funções secundárias são a apreensão de dados sensoriais e a sua interpretação.

Dom Juan chamava o útero de a caixa da percepção. Ele estava tão convencido quanto os outros feiticeiros da sua linhagem de que o útero e os ovários, se forem afastados do ciclo reprodutivo, podem se tornar ferramentas de percepção e, na verdade, o epicentro da evolução. Ele considerava que o primeiro passo da evolução é a aceitação da premissa de que os seres humanos são perceptivos. Não era redundância da parte dele insistir incessantemente que isso precisa ser feito antes de qualquer outra coisa.

— Nós já sabemos que somos perceptivos. O que mais podemos ser? — dizia eu em protesto todas as vezes em que ele insistia.

— Pense a respeito disso! — respondia ele todas as vezes em que eu protestava. — A percepção só desempenha uma função mínima em nossas vidas e, no entanto, a única coisa que somos de fato é perceptivos. Os seres humanos apreendem livremente a energia e a transformam em dados sensoriais. Depois interpretam esses dados sensoriais no mundo da vida cotidiana. É a essa interpretação que chamamos de percepção.

"Como você já sabe, os feiticeiros do México antigo estavam convencidos de que a interpretação ocorria em um ponto de luminosidade intensa, o ponto de aglutinação, que eles descobriram quando *viram* o corpo humano como um conglomerado de campos de energia que se assemelhava a uma esfera de luminosidade. A vantagem das mulheres é a sua capacidade de transferir a função de interpretação do ponto de aglutinação para o útero. O resultado dessa transferência de função é algo que não pode ser comentado, não porque seja algo proibido, mas porque é indescritível.

"O útero fica verdadeiramente em um estado caótico de alvoroço devido a essa capacidade velada que existe, em remissão, desde o momento do nascimento até a morte, mas que nunca é utilizada. Essa função de interpretação nunca cessa de agir e, no entanto, nunca tem sido elevada ao nível da consciência plena.

A convicção de dom Juan era que os xamãs do México antigo, através dos seus passes mágicos, tinham elevado entre as suas praticantes femininas a capacidade interpretativa do útero ao nível da consciência e que, fazendo isso, tinham instituído uma mudança evolucionária entre elas, isto é, tinham transformado o útero de um órgão de reprodução em uma ferramenta de evolução.

No mundo do homem moderno, a evolução é definida como a capacidade de diferentes espécies se modificarem através de processos de seleção natural ou de transmissão de características, até que possam reproduzir em sua descendência, de modo bem-sucedido, as mudanças ocorridas em si mesmas.

A teoria evolucionista, que perdurou até os nossos dias desde a época em que foi formulada há uns cem anos, diz que a origem e a perpetuação de uma nova espécie de animal ou planta é ocasionada pelo processo de seleção natural, que favorece a sobrevivência de indivíduos cujas características os tornam mais bem adaptados ao seu ambiente, e que a evolução é ocasionada pela interação de três princípios: primeiro, a hereditariedade, a força conservadora que transmite formas orgânicas similares de uma geração para outra; segundo, as variações, as diferenças presentes em todas as formas de vida; terceiro, a luta pela existência, que determina que variações conferem vantagens em determinado ambiente. Esse último princípio deu origem à expressão ainda em uso corrente: "a sobrevivência do mais apto".

A evolução, como teoria, tem brechas enormes; deixa um tremendo espaço para a dúvida. Na melhor das hipóteses, é um processo em aberto para o qual os cientistas têm criado esquemas classificatórios; têm criado taxonomias para satisfazer os seus corações. Mas o fato é que essa é uma teoria cheia de furos. O que sabemos a respeito da evolução não nos diz o que é a evolução.

Dom Juan Matus acreditava que a evolução era o produto de *intentar* em um nível muito profundo. No caso dos feiticeiros, esse nível profundo era indicado pelo que ele denominava silêncio interior.

— Por exemplo — disse ele quando estava explicando o fenômeno —, os feiticeiros têm certeza de que os dinossauros voavam porque *intentaram* voar. Porém, o que é muito difícil de entender, e mais ainda de aceitar, é que as asas sejam a única solução para voar. Nesse caso, a solução dos dinossauros. Contudo essa não é a única solução possível. É a única que está disponível a nós por imitação. Os nossos aviões estão voando com asas, imitando os dinossauros, talvez porque voar nunca mais tenha sido *intentado* novamente desde a época dos dinossauros. Talvez as asas tenham sido adotadas porque eram a solução mais fácil.

Dom Juan era da opinião de que, se fôssemos *intentar* isso agora, não haveria nenhuma forma de saber que outras opções para voar estariam disponíveis além das asas. Ele insistia que, porque o *intento* é infinito, não havia maneira lógica pela qual a mente, seguindo processos de dedução ou indução, pudesse calcular ou determinar quais poderiam ser essas opções.

Os passes mágicos da Série para o Útero são extremamente potentes e devem ser praticados com muita parcimônia. Em tempos antigos os homens eram impedidos de executá-los. Em tempos mais recentes tem havido uma tendência entre os feiticeiros de tornar tais passes mágicos mais genéricos, surgindo a possibilidade de eles serem úteis também para os homens. Entretanto essa possibilidade é muito delicada e requer um emprego cuidadoso, grande concentração e determinação.

Os praticantes masculinos de Tensegridade que ensinam os passes mágicos, devido ao seu potente efeito, optaram por praticá-los esfregando a energia que eles geram só ligeiramente na área dos seus próprios órgãos genitais. Essa medida provou ser suficiente para proporcionar um choque benéfico sem quaisquer efeitos profundos ou deletérios.

Dom Juan explicava que os feiticeiros da sua linhagem, em determinado momento, permitiram que os homens praticassem esses passes mágicos devido à possibilidade de que a energia produzida por eles despertaria a função secundária dos órgãos sexuais masculinos. Ele dizia que aqueles feiticeiros consideravam que a função secundária dos órgãos sexuais masculinos não é absolutamente semelhante à do útero; nenhuma interpretação de dados sensoriais pode acontecer porque os órgãos sexuais masculinos pendem na parte exterior da cavidade do corpo. Devido a tais circunstâncias especiais, a conclusão deles foi a de que a função secundária dos órgãos masculinos era algo que denominaram suporte evolucionário: uma espécie de trampolim que catapulta os homens para realizarem façanhas extraordinárias o que os feiticeiros do México antigo chamavam de *intento inflexível* ou propósito lúcido e concentração.

A Série para o Útero é dividida em quatro seções que correspondem às três discípulas de dom Juan Matus: Taisha Abelar, Florinda Donner-Grau e Carol Tiggs; e ao Batedor Azul que nasceu no mundo de dom Juan. A primeira é composta de três passes mágicos pertencentes a Taisha Abelar; a segunda é composta de um passe mágico diretamente relacionado a Florinda Donner-Grau; a terceira, de três passes mágicos que têm relação exclusiva com Carol Tiggs; e a quarta, de cinco passes mágicos que pertencem ao Batedor Azul. Os passes mágicos de cada seção são pertinentes a um tipo específico de indivíduo. A Tensegridade tornou-os capazes de serem utilizados por qualquer pessoa, embora ainda se inclinem na direção do tipo de pessoa que cada uma daquelas quatro mulheres é.

O Primeiro Grupo:
Passes Mágicos Pertencentes a Taisha Abelar

Os três passes mágicos deste grupo são engendrados para reunir energia para o útero de seis áreas específicas: a frente esquerda e direita do corpo; os lados esquerdo e direito do corpo na altura dos quadris; da parte de trás das omoplatas e da parte de cima da cabeça. A explicação que os xamãs do México antigo davam era que a energia especialmente adequada para o útero se acumula naquelas áreas e que os movimentos destes passes mágicos são as antenas apropriadas que reúnem exclusivamente essa energia.

1. Extraindo Energia da Frente do Corpo com os Dedos Indicador e Médio

A primeira sensação que um praticante de Tensegridade busca executando este passe mágico é uma pressão nos tendões das costas da mão, uma sensação que é obtida abrindo-se os dedos indicador e médio o máximo possível enquanto estão totalmente estendidos. Os outros dois dedos ficam curvados sobre a palma da mão, e o polegar os mantém na posição (Fig. 95).

O passe mágico começa ao colocar o pé esquerdo na frente do corpo em uma posição em T, perpendicular ao pé direito. O braço e a perna esquerda fazem uma série de movimentos circulares sincronizados para a frente. Os círculos da perna começam elevando primeiro a parte da frente do pé e depois todo o pé, e dando um passo que gira para a frente no ar e termina no calcanhar com os dedos erguidos, enquanto o corpo se inclina para a frente criando pressão em um músculo na parte dianteira da panturrilha esquerda.

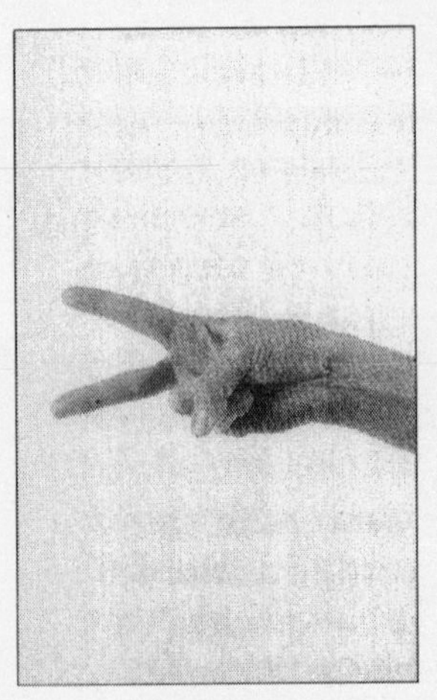

Figura 95

Figura 96

Figura 97

Sincronizado a esse movimento, o braço esquerdo gira para a frente passando por cima da cabeça, também fazendo um círculo completo. Os dedos indicador e médio estão totalmente estendidos com a palma da mão virada para a direita. A pressão nos tendões das costas da mão precisa ser mantida com máxima tensão durante todo o movimento (Fig. 96). Ao final do terceiro movimento circular do braço e da perna, todo o pé é colocado no chão com uma vigorosa batida, mudando o peso do corpo para a frente. Ao mesmo tempo o braço se projeta em um movimento de punhalada com os dedos indicador e médio totalmente estendidos e a palma da mão virada para a direita. Os músculos de todo o lado esquerdo do corpo são mantidos tensos e contraídos (Fig. 97).

Um movimento ondulante é feito como se desenhando, com os dois dedos estendidos apontando para a frente, uma letra S na horizontal. Ao terminar o S, o pulso é dobrado para que os dedos apontem para cima (Fig. 98). A seguir o pulso se inclina para que os dedos apontem novamente para a frente, e o S é cortado no meio com um golpe horizontal dos dois dedos da direita para a esquerda. Depois o pulso é dobrado para que os dois dedos apontem mais uma vez para cima, e um movimento é feito da esquerda para a direita virando a palma da mão em direção ao rosto. Em seguida o braço é girado da direita para a esquerda, e a palma da mão fica virada para fora. O braço esquerdo é recuado ao nível do peito e dois movimentos de punhalada para a frente são executados com os dedos totalmente estendidos e a palma da mão virada para baixo. A palma da mão é virada mais uma vez em direção ao rosto e a mão gira novamente da esquerda para a direita e da direita para a esquerda, exatamente como antes.

O corpo se inclina ligeiramente para trás, mudando o peso do corpo para a perna de trás. Depois, com os dois dedos curvados em garra, a mão alcança o nível da cintura em frente ao corpo como se fosse agarrar alguma coisa, contraindo os músculos e tendões do antebraço e da mão como se estivesse extraindo vigorosamente alguma substância pesada (Fig. 99). A mão em garra é trazida para o lado do corpo. Depois todos os dedos da mão são totalmente estendidos, com o polegar ficando oculto e os outros dedos separados entre o médio e o quarto dedo, formando a letra V que é esfregada sobre o útero ou sobre os órgãos sexuais, no caso dos homens (Fig. 100).

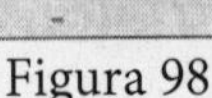

Figura 98

Figura 99

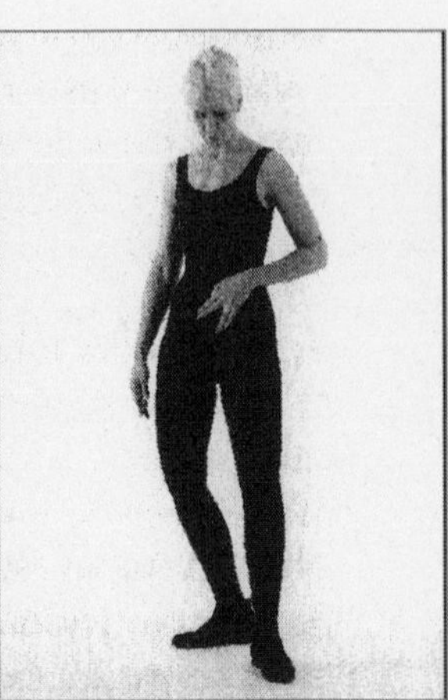

Figura 100

Um rápido salto é dado mudando as pernas, para que o pé direito fique na frente do esquerdo, fazendo novamente um T. Os mesmos movimentos são repetidos com o braço e a perna direitos.

2. Saltando para Despertar Energia para o Útero e Agarrá-la com a Mão

Este passe mágico começa colocando o pé direito perpendicular ao esquerdo em uma posição em T. Uma batida é dada com o calcanhar direito; a batida serve como um impulso para um pequeno salto do pé direito que termina com os dedos apontando para a frente, seguido imediatamente por um salto lateral do pé esquerdo que termina com o calcanhar esquerdo no chão, perpendicular ao pé direito. O resto do pé esquerdo toca o chão, mudando o peso para a perna esquerda, enquanto o braço esquerdo faz um movimento, com a mão em garra, para segurar alguma coisa na frente do corpo (Fig. 101). Depois a mão esfrega delicadamente na área do ovário esquerdo.

Figura 101

Uma batida do calcanhar esquerdo serve como impulso para uma sequência de movimentos que é uma imagem espelhada dos movimentos precedentes.

Neste passe mágico, a energia despertada pelo movimento dos pés é arremessada para cima e apanhada com uma mão de cada vez e colocada sobre o útero e os ovários esquerdo e direito.

3. Atirando Energia nos Ovários

O terceiro passe mágico começa circulando o braço esquerdo sobre a cabeça, para trás, em direção à omoplata, e novamente para a frente até alcançar o nível do queixo; a palma virada para cima. A mão desenha outro círculo que vai por cima em direção à direita, continua para baixo todo o caminho até a cintura do lado direito e depois desliza para cima sobre a cabeça, completando a figura de um número oito. A palma fica virada para a frente (Fig. 102). Depois a mão desce vigorosamente como se fosse golpear a área bem em frente ao ovário esquerdo (Fig. 103). Então a mão esfrega delicadamente nessa área.

O mesmo padrão é repetido com o braço direito.

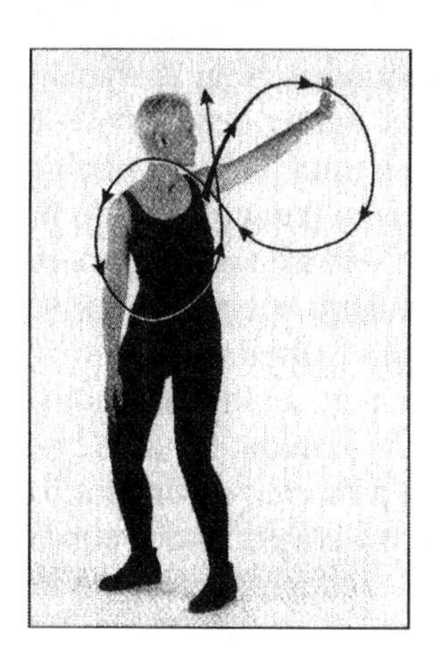

Figura 102

Figura 103

O Segundo Grupo: Um Passe Mágico Diretamente Relacionado a Florinda Donner-Grau

Neste grupo só há um único passe mágico. O efeito deste passe mágico está absolutamente de acordo com a personalidade de Florinda Donner-Grau. Dom

Juan Matus considerava-a muito franca e direta, a ponto de às vezes sua franqueza tornar-se insuportável. Como uma consequência de sua franqueza, suas atividades no mundo dos feiticeiros sempre foram engendradas em direção ao objetivo da evolução ou da transformação do útero de um receptáculo e promotor da fertilidade em um órgão de percepção, através do qual os pensamentos que não fazem parte da nossa cognição normal pudessem ser processados.

4. Patas de Esfinge

Este passe mágico começa com uma inalação rápida e profunda. O ar é exalado fortemente com um vigoroso golpe dos pulsos para a frente do corpo. Isso é conseguido com as mãos viradas para baixo, em ângulo reto com os antebraços; os dedos apontando para o chão, e a superfície golpeante são as costas das mãos na altura dos pulsos.

As mãos são puxadas para cima ao nível dos ombros, com as palmas viradas para a frente em linha reta com os antebraços. É feita uma profunda inalação. As mãos são mantidas nessa posição enquanto o tronco vira para a esquerda. Depois as mãos golpeiam, com as palmas viradas para baixo, até o nível dos quadris (Fig. 104). O ar é fortemente exalado. As mãos são erguidas acima dos ombros novamente enquanto o tronco vira para a frente e uma inalação profunda é feita. Com as mãos ainda acima dos ombros, o tronco é virado para a direita. A seguir as duas mãos golpeiam, com as palmas para baixo, até o nível dos quadris enquanto o ar é exalado.

Depois as duas mãos se movem para a direita do corpo, com as palmas ligeiramente encurvadas e viradas para a esquerda, como se fossem pegar com uma concha uma substância líquida. Os dois braços se movem da direita para a esquerda e para a direita, desenhando a figura de um número 8 inclinado na frente do corpo. Isso é conseguido movendo-se primeiro os braços por todo o caminho até a esquerda, acompanhando uma virada da cintura, e depois voltando para a direita, acompanhando uma virada inversa da cintura. As palmas ligeiramente encurvadas são viradas para a direita, como se para continuar a pegar com uma concha uma substância líquida na direção oposta (Fig. 105).

Quando o número 8 está completo, a mão esquerda para a fim de descansar no quadril esquerdo, enquanto o braço direito continua a se mover para a direita. O braço vai acima da cabeça, faz uma grande volta pelas costas e termina quando a mão é trazida de novo até a frente, ao nível do queixo, com a palma da mão virada para cima. A mão continua a se mover fazendo outra volta para a esquerda, passando em frente ao rosto e por cima do ombro esquerdo. A seguir ela se move em linha reta atravessando o corpo ao nível do quadril e cortando o número 8 (Fig. 106). Dali a palma volta em direção ao corpo e desliza sobre o ovário direito como se a mão fosse uma lâmina que vai repousar em sua bainha.

Figura 104

Figura 105

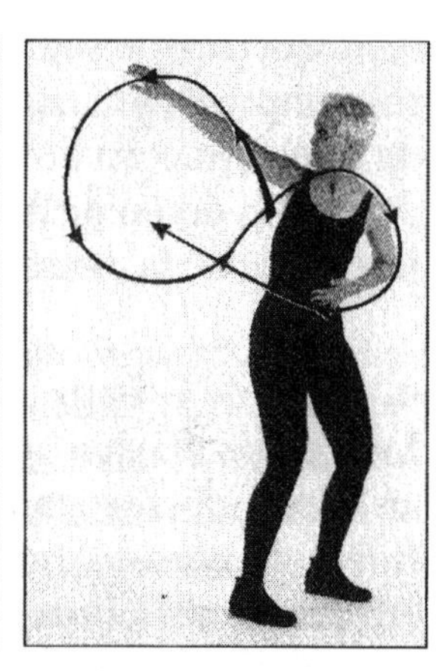

Figura 106

Exatamente os mesmos movimentos são realizados, mas golpeando primeiro para o lado direito do corpo, para permitir que o braço esquerdo execute o último movimento.

O Terceiro Grupo: Passes Mágicos que Têm Relação Exclusiva com Carol Tiggs

Os três passes mágicos do terceiro grupo lidam com a energia que está diretamente na área do útero. Essa ênfase torna estes três passes mágicos extraordinariamente potentes. A moderação é fortemente recomendada para trazer as sensações do despertar do útero em um nível controlável. Desse modo, a interpretação linear dessas sensações como sendo pontadas pré-menstruais ou opressão nos ovários pode ser evitada.

Dom Juan Matus dizia às suas três discípulas que as funções secundárias do útero, após serem despertadas através dos passes mágicos apropriados, dão um estímulo sensorial de desconforto. Porém, em um nível energético, o que acontece é o influxo de energia dentro do vórtice do útero. A energia que até aquele momento permanecia sem ser utilizada e na periferia da esfera luminosa é subitamente vertida para dentro daquele vórtice.

5. Comprimindo a Energia no Útero

O primeiro passe mágico começa trazendo as duas mãos até a área do útero. Os pulsos estão fortemente dobrados e as mãos estão encurvadas com os dedos apontando para o útero.

As duas mãos são estendidas para que as pontas dos dedos fiquem viradas umas em direção às outras. Depois elas fazem um amplo círculo, indo primeiro para cima e para fora e depois para baixo, com as duas mãos juntas, terminando exatamente sobre o útero (Fig. 107). A seguir as mãos são separadas até a largura do corpo (Fig. 108) e são trazidas com força em direção ao centro do útero como se uma volumosa bola estivesse sendo espremida. O mesmo movimento é repetido e as mãos se aproximam como se a bola estivesse sendo espremida ainda mais. Depois a bola é rasgada por um vigoroso movimento das mãos que a agarram e arrebentam (Fig. 109). Depois as mãos são esfregadas sobre a área do útero e dos ovários.

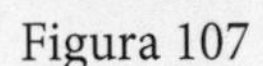

Figura 107

Figura 108

Figura 109

6. Despertando e Orientando a Energia Diretamente para Dentro do Útero

Este passe mágico começa com uma exalação enquanto os braços são estendidos em frente ao corpo com as costas das mãos se tocando. Uma inalação profunda é feita enquanto os braços se afastam lateralmente um do outro, desenhando semicírculos que terminam com os antebraços tocando a parte da frente do corpo ao nível do peito, os braços estendidos para frente com os cotovelos ligeiramente inclinados, as palmas das mãos viradas para cima. Depois o tronco se inclina ligeiramente para frente enquanto os antebraços se movem para trás para que os cotovelos fiquem ancorados no plexo solar, com os antebraços ainda se tocando lado a lado (Fig. 110). A seguir começa uma lenta exalação, que deve durar ao longo dos seguintes movimentos: o lado de trás do pulso esquerdo é colocado em cima do lado interno do pulso direito, manobrando os braços para formarem a figura da letra X; os pulsos giram de modo que as palmas circulem em direção ao corpo e, depois, de novo para fora viradas para a frente, sem perder a forma em X dos pulsos; a mão esquerda termina em cima da direita (Fig. 111). As mãos são fechadas em punho e separadas vigorosamente (Fig. 112). Depois são trazidas para a área dos ovários esquerdo e direito enquanto a exalação termina.

Figura 110

Figura 111

Figura 112

7. Forçando a Saída da Energia Prejudicial dos Ovários

A mão esquerda é mantida em frente ao corpo com a palma para cima. O cotovelo está dobrado em um ângulo reto e encostado na caixa torácica. Os dedos indicador e médio da mão esquerda são estendidos enquanto o polegar segura os outros dois dedos contra a palma. A mão direita agarra, pela parte de baixo, os dois dedos estendidos da mão esquerda e os espreme como se estivesse extraindo alguma coisa da base dos dois dedos e fazendo-a mover-se para as pontas (Fig. 113). Depois a mão direita sacode vigorosamente o que quer que tenha extraído daqueles dois dedos com um movimento oblíquo e para baixo no lado direito do corpo. O polegar esquerdo solta os outros dois dedos e a mão é mantida na forma de uma letra V, com os dedos indicador e médio juntos, e o quarto e o quinto dedo também juntos. A palma da mão é esfregada suavemente sobre a área do ovário esquerdo. Os mesmos movimentos são repetidos com a mão direita.

Figura 113

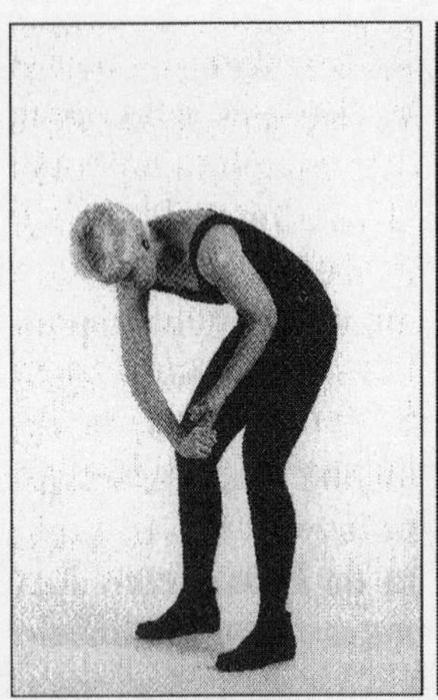

Figura 114

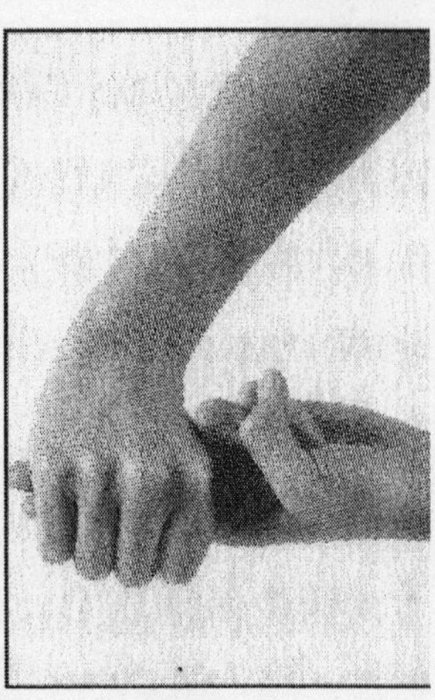

Figura 115

Para a segunda parte deste passe mágico, o tronco é agudamente dobrado para a frente. O braço esquerdo pende entre as pernas com o cotovelo amortecido contra a região umbilical. Exatamente os mesmos movimentos realizados na primeira parte do passe mágico são executados de novo, com a exceção de que, desta vez, a mão direita agarra os dois dedos estendidos da mão esquerda pela parte de cima (Figs. 114 e 115). Os mesmos movimentos são repetidos na direita.

O Quarto Grupo: Passes Mágicos que Pertencem ao Batedor Azul

Os passes mágicos deste grupo são a conclusão natural da série como um todo. Uma disposição impessoal é a força motriz deste grupo de passes. As inalações e exalações são vigorosas, mas não profundas, e os movimentos são acompanhados por um explosivo som sibilante de ar sendo expelido.

O valor dos passes mágicos do Batedor Azul reside na capacidade de cada um deles proporcionar ao útero a resistência requerida para chegar às suas funções secundárias, que, no caso do Batedor Azul, podem facilmente ser definidas como a capacidade de estar alerta sem interrupção. A crítica dos feiticeiros com relação ao nosso estado natural de ser é que parecemos estar perenemente em piloto automático; dizemos coisas que não queremos dizer, ignoramos coisas que não deveríamos ignorar. Em outras palavras, só estamos conscientes do que nos cerca em jorros muito curtos. A maior parte do tempo funcionamos por simples impulso, hábito, e esse hábito é, em essência, estar desatento a tudo. A ideia dos feiticeiros do México antigo era que, nas mulheres, o útero é o órgão que pode solucionar esse impasse e, para isso, precisa adquirir resistência.

8. Extraindo Energia da frente com Antenas de Inseto

Os dedos indicador e médio são mantidos nas laterais do peito na posição de uma letra V, enquanto os polegares pressionam os outros dois dedos contra as palmas que estão viradas para cima (Fig. 116). A seguir as palmas viram para baixo e os dois dedos se projetam para a frente do corpo, enquanto uma vigorosa exalação é feita com os dentes cerrados e um som sibilante como um assobio (Fig. 117). Uma profunda inalação é feita enquanto as mãos são recuadas, com as palmas para cima, para as laterais do peito. O mesmo movimento é repetido mais uma vez e as palmas das mãos são esfregadas na área dos ovários, com os dedos separados entre o médio e o quarto dedo.

Figura 116

Figura 117

9. Extraindo Energia das Laterais em um Ângulo

Este passe mágico começa girando o pé direito e colocando a perna esquerda na frente em um ângulo de 45º. O pé direito é a barra horizontal da letra T e o esquerdo é a vertical. O corpo balança para frente e para trás. Depois o cotovelo esquerdo é dobrado e a mão é trazida ao nível do peito com a palma virada para cima. Os dedos indicador e médio são mantidos na forma da letra V. O polegar segura os outros dois dedos contra a palma (Fig. 118). Um golpe é dado inclinando o corpo agudamente para frente. A palma da mão vira para baixo quando os dedos se projetam. O ar é exalado com um silvo (Fig. 119). Uma inalação é feita enquanto a mão recua para o lado do peito com a palma para cima. Depois a palma da mão é esfregada suavemente no ovário esquerdo, com os dedos separados entre o médio e o quarto dedo.

Um salto é dado para mudar os pés e virar para uma nova direção à direita, ainda em um ângulo de 45º. Os mesmos movimentos são repetidos com o braço direito.

Figura 118

Figura 119

10. Extraindo Energia Lateralmente com um Corte de Inseto

As mãos são mantidas nas laterais do peito, com os dedos indicador e médio de cada mão mantidos em forma de V e os polegares segurando os outros dois dedos contra as palmas que estão viradas para cima. Permanecendo ao nível do peito, as mãos são giradas nas partes de trás das palmas e trazidas para ficarem uma virada para a outra. A seguir é feita uma exalação sibilante enquanto ambos os braços são totalmente estendidos nas laterais, com as palmas viradas para a frente. Os dedos indicador e médio são mexidos com um movimento de cortar, como se fossem, de fato, tesouras, enquanto a exalação termina com um assobio (Fig. 120).

Figura 120

Figura 121

Uma inalação é feita enquanto os braços são recuados. Os cotovelos ficam para baixo e os braços vêm descansar nos lados do corpo perto do peito com as mãos apontando para os lados (Fig. 121). A seguir as mãos são giradas na parte de trás das palmas para que os dedos indicadores e médios apontem para a frente. Depois os dedos são separados entre os médios e os quartos dedos e uma exalação sibilante é feita enquanto as palmas das mãos esfregam sobre a área dos ovários.

11. Perfurando a Energia entre os Pés com Cada uma das Mãos

Uma inalação profunda é feita. Segue-se uma longa exalação sibilante enquanto a mão esquerda desce com um movimento rotativo do pulso que faz a mão se assemelhar a uma broca que parece perfurar uma substância em frente ao corpo entre as pernas. Depois os dedos indicador e médio fazem uma garra de dois ganchos e apanham alguma coisa da área entre os pés (Fig. 122) e, com uma inalação profunda, a puxam para cima até o nível dos quadris. O braço se move por sobre a cabeça até as costas do corpo, e a palma é colocada na área do rim e da glândula suprarrenal esquerda (Fig. 123).

A mão esquerda é mantida ali enquanto a mão direita realiza os mesmos movimentos. Quando a mão direita estiver colocada na área do rim e da glândula suprarrenal direita, uma inalação é feita. A mão esquerda se move por sobre a cabeça até a frente do corpo, e esfrega, com os dedos separados entre o médio e o quarto dedo, sobre o ovário esquerdo. Esse movimento do braço das costas para frente é acompanhado do som sibilante de uma vigorosa exalação. Uma outra inalação profunda é feita, e a mão direita é trazida do mesmo modo até o ovário direito.

Figura 122

Figura 123

12. Perfurando a Energia entre os Pés com Ambas as Mãos

Esse passe mágico é semelhante ao precedente, com a exceção de que, em vez de realizar os movimentos separadamente com cada uma das mãos, as mãos executam os movimentos perfurantes ao mesmo tempo. Depois os dedos indicadores e médios das duas mãos fazem garras de dois ganchos e apanham ao mesmo tempo alguma coisa da área entre os pés. Retornam ao nível dos quadris e depois circulam ao redor dos lados do corpo até a área dos rins e das glândulas suprarrenais; uma profunda inalação é feita enquanto as palmas esfregam aquelas áreas (Fig. 124). Depois uma exalação é feita enquanto os braços desenham um outro círculo ao redor dos lados do corpo até a frente para esfregarem a área sobre os ovários esquerdo e direito, com os dedos de cada mão separados no do meio. Mais uma vez esse movimento dos braços das costas para a frente é acompanhado de uma exalação sibilante.

Figura 124

A TERCEIRA SÉRIE

A Série das Cinco Preocupações: A Série Westwood

Uma das mais importantes séries para os praticantes de Tensegridade é chamada de A Série das Cinco Preocupações. Um apelido para esta série é A Série Westwood, porque foi ensinada publicamente pela primeira vez no Pauley Pavilion na Universidade da Califórnia, em Los Angeles, localizada numa área chamada Westwood. Esta série foi concebida como tentativa de integrar o que dom Juan Matus chamava de as cinco preocupações dos xamãs do México antigo. Tudo que esses feiticeiros faziam girava em torno de cinco preocupações: primeira, os passes mágicos; segunda, o centro energético no corpo humano chamado de centro das decisões; terceira, a recapitulação, as maneiras para aumentar o campo de ação da consciência humana; quarta, *sonhar*, a arte genuína de romper os parâmetros da percepção normal; quinta, o silêncio interior, o estágio da percepção humana do qual esses feiticeiros empreendiam cada uma das suas consecuções perceptivas. Essa sequência das cinco preocupações foi um conjunto moldado na compreensão que aqueles feiticeiros tinham do mundo ao seu redor.

De acordo com o que dom Juan ensinava, uma das descobertas estarrecedoras daqueles xamãs foi a existência no universo de uma força aglutinadora que une campos de energia em unidades concretas e funcionais. Os feiticeiros que descobriram a existência dessa força descreveram-na como vibração ou condição vibratória que permeia grupos de campos de energia e os mantém unidos.

Em termos desse conjunto de cinco preocupações dos xamãs do México antigo, os passes mágicos preenchem a função da condição vibratória da qual falavam os xamãs. Quando aqueles feiticeiros juntaram essa sequência xamanística das cinco preocupações, copiaram o padrão da energia que lhes era revelado quando eram capazes de *ver* a energia como ela flui no universo. A força de ligação eram os passes mágicos. Os passes mágicos eram a unidade que permeava as quatro unidades restantes e as agrupava em um único todo funcional.

Consequentemente, a Série Westwood, seguindo o padrão dos xamãs do México antigo, tem sido dividida em quatro grupos organizados em termos da sua importância, como imaginados pelos feiticeiros que os formularam: primeiro, o centro das decisões; segundo, a recapitulação; terceiro, *sonhar*; quarto, o silêncio interior.

O Primeiro Grupo:
O Centro das Decisões

O tópico mais importante para os xamãs que viveram no México em tempos antigos e para todos os xamãs da linhagem de dom Juan era o centro das decisões. Por meio dos resultados práticos dos seus esforços, os xamãs estão convencidos de que existe um ponto no corpo humano responsável pela tomada de decisão, o ponto V — a área na crista do esterno na base do pescoço onde as clavículas se encontram para formar a letra V. É um centro no qual a energia é refinada a ponto de ficar tremendamente sutil e que armazena um tipo específico de energia que os xamãs são incapazes de definir. Entretanto, eles têm absoluta certeza de que podem sentir a presença dessa energia e os seus efeitos. Os xamãs acreditam que essa energia especial é sempre expulsa daquele centro bem no início da vida dos seres humanos e que ela nunca retorna para lá, privando os seres humanos de algo talvez mais importante do que toda a energia combinada dos outros centros: a capacidade de tomar decisões.

Em relação ao tema de tomar decisões, dom Juan expressava a severa opinião dos feiticeiros da sua linhagem. Através dos séculos, suas observações os tinham levado a concluir que os seres humanos são incapazes de tomar decisões e que, por essa razão, criaram a ordem social: instituições gigantescas que assumem a responsabilidade pela tomada de decisões. Deixam essas instituições gigantescas decidirem por eles e simplesmente cumprem as decisões já tomadas em seu benefício.

Para os xamãs, o ponto V na base do pescoço era um local de tal importância que eles raramente o tocavam com as mãos. Se fosse tocado, o toque era ritualístico e sempre realizado por outra pessoa com a ajuda de um objeto. Eles usavam peças altamente polidas de madeira resistente ou ossos polidos de animais e utilizavam a parte arredondada do osso para ter um objeto de contorno perfeito, do tamanho do ponto côncavo no pescoço. Pressionariam com aqueles ossos ou peças de madeira para criar pressão nas bordas desse ponto côncavo. Esses objetos também eram usados, embora raramente, para automassagem ou para o que, nos dias de hoje, conhecemos como acupressura.

— Como eles vieram a descobrir que aquele ponto côncavo é o centro das decisões? — perguntei um dia a dom Juan.

— Cada centro de energia no corpo — respondeu ele — mostra uma concentração de energia; uma espécie de vórtice de energia, como um funil, que, da perspectiva do vidente, parece realmente girar no sentido contrário ao dos ponteiros do relógio. A força de determinado centro depende do vigor do movimento. Se ele mal se move, o centro fica exaurido, esvaziado de energia.

"Quando os feiticeiros dos tempos antigos estavam examinando minuciosamente o corpo com o seu olho de *ver*, notaram a presença desses vórtices. Ficaram muito curiosos a esse respeito e fizeram um mapa deles.

— Existem muitos de tais centros no corpo, dom Juan? — perguntei.

— Existem centenas deles — respondeu ele —, se não milhares! Pode-se dizer que um ser humano não é mais que um conglomerado de milhares de vórtices giratórios, alguns deles tão minúsculos que são, vamos dizer, como furinhos de alfinete, mas furinhos muito importantes. A maioria dos vórtices são de energia. A energia flui livremente através deles ou fica presa neles. No entanto existem seis tão grandes que merecem tratamento especial. São centros de vida e vitalidade. Neles a energia nunca fica presa, mas às vezes o suprimento de energia é tão escasso que o centro mal gira.

Dom Juan explicava que esses enormes centros de vitalidade estavam localizados em seis áreas do corpo. Ele os enumerava segundo a importância que os xamãs lhes concederam. O primeiro, na área do fígado e da vesícula biliar; o segundo, na área do pâncreas e do baço; o terceiro, na área dos rins e das glândulas suprarrenais; e o quarto, no ponto côncavo na base do pescoço na parte frontal do corpo. O quinto, ao redor do útero, e o sexto, no topo da cabeça.

De acordo com o que dom Juan dizia, o quinto centro, pertinente apenas às mulheres, tinha um tipo especial de energia que dava aos feiticeiros a impressão de liquidez. Era uma característica que somente algumas mulheres tinham. Parecia servir como um filtro natural que peneirava as influências supérfluas.

Dom Juan descrevia o sexto centro, localizado no topo da cabeça, como algo mais do que uma anormalidade e abstinha-se totalmente de ter alguma coisa a ver com isso. Retratava-o como possuindo não um vórtice circular de energia, como os outros, mas um movimento de um lado para o outro, como um pêndulo, que, de certo modo, lembra a pulsação de um coração.

— Por que a energia desse centro é tão diferente, dom Juan? — perguntei.

— Esse sexto centro de energia — disse ele — não pertence inteiramente ao homem. Entenda, nós seres humanos estamos, por assim dizer, sob estado de sítio. Esse centro foi assumido por um invasor, um predador invisível. E a única maneira de dominar esse predador é fortificando todos os outros centros.

— Não é um tanto paranoico achar que estamos sob estado de sítio, dom Juan? — perguntei.

— Bem, talvez para você, mas certamente não para mim — respondeu ele. — Eu *vejo* a energia e *vejo* que a energia sobre o centro no topo da cabeça não flutua como a energia dos outros centros. Ela tem um movimento de um lado para o outro muito desagradável e muito estranho. Também *vejo* que, em um feiticeiro que foi capaz de dominar a mente, que os feiticeiros chamam de uma instalação forânea, a flutuação desse centro torna-se exatamente a flutuação de todos os outros.

Durante os anos do meu aprendizado, dom Juan recusou-se sistematicamente a conversar sobre o sexto centro. Na ocasião em que estava me falando sobre os centros de vitalidade, desprezou rudemente minhas frenéticas indagações e começou a falar sobre o quarto centro, o centro das decisões.

— O quarto centro — disse ele — tem um tipo especial de energia que aparece ao olho do vidente como possuindo uma extraordinária transparência, algo que poderia ser descrito como semelhante à água: energia tão fluida que parece líquida. A aparência líquida dessa energia especial é a marca por uma qualidade do próprio centro das decisões parecida com um filtro, que peneira qualquer energia que chega até ele e extrai dela apenas o seu aspecto que é parecido com líquido. Essa qualidade de liquidez é uma característica uniforme e consistente desse centro. Os feiticeiros também o chamam de o centro aquoso.

"A rotação da energia no centro das decisões é a mais fraca de todas elas. É por essa razão que o homem raramente decide alguma coisa. Os feiticeiros veem que, após praticarem determinados passes mágicos, esse centro torna-se ativo e eles podem, com certeza, tomar decisões que satisfaçam os seus corações, enquanto, antes, não conseguiam sequer dar um primeiro passo.

Dom Juan era bastante enfático sobre o fato de que os xamãs do México antigo tinham uma aversão, que beirava a fobia, com relação a tocarem em seus próprios pontos côncavos na base do pescoço. A única maneira pela qual aceitavam qualquer interferência que fosse naquele ponto era através do uso dos seus passes mágicos que reforçam aquele centro trazendo para ele a energia dispersa e, desse modo, impedindo, na tomada de decisão, qualquer hesitação nascida da dispersão natural de energia ocasionada pelo desgaste da vida cotidiana.

— Um ser humano — disse dom Juan —, percebido como um conglomerado de campos de energia, é uma unidade completa e lacrada na qual nenhuma energia pode ser injetada e da qual nenhuma energia pode escapar. A sensação de perder energia, que todos nós experimentamos de vez em quando, é o resultado da energia sendo afugentada, dispersada dos cinco enormes centros naturais de vida e vitalidade. Qualquer sensação de obtenção de energia é devido à redistribuição da energia previamente dispersada desses centros, isto é, a energia é recolocada nesses cinco centros de vida e vitalidade.

OS PASSES MÁGICOS PARA O CENTRO DAS DECISÕES

1. Trazendo Energia para o Centro das Decisões com um Movimento para a Frente e para Trás dos Braços e das Mãos com as Palmas Viradas para Baixo

Os braços se projetam para a frente, em um ângulo de 45º, com uma exalação; as palmas das mãos viradas para baixo (Fig. 125). Depois eles são recuados para as laterais do peito, sob a axila, com uma inalação. Os ombros são erguidos para manter o mesmo grau de inclinação (Fig. 126). Na segunda parte desse movimento, os braços são estendidos para baixo com uma inalação e puxados para trás com uma exalação.

Figura 125

Figura 126

2. Trazendo Energia para o Centro das Decisões com um Movimento para a Frente e para Trás dos Braços e das Mãos com as Palmas Viradas para Cima

Este passe mágico é como o precedente, executado exatamente da mesma forma, com a exceção de que é feito com as palmas das mãos viradas para cima (Fig. 127). As inalações e as exalações também são exatamente como no movimento precedente. O ar é exalado enquanto as mãos e os braços se movem para a frente em um nível de inclinação de 45º e é inalado enquanto os braços se movem para trás. Depois o ar é inalado enquanto as mãos e os braços se movem para baixo e exalado enquanto as mãos e os braços recuam.

Figura 127

3. Trazendo Energia para o Centro das Decisões com um Movimento Circular dos Braços e das Mãos com as Palmas Viradas para Baixo

Este passe mágico começa exatamente como o primeiro do grupo, com a exceção de que, quando as mãos alcançam sua posição totalmente estendida, dois círculos completos são desenhados com as mãos e os braços se afastando uns dos outros para alcançar um ponto a cerca de 15 centímetros de distância da parte inferior das costelas. Quando as mãos completam os círculos (Fig. 128), os braços são recuados para as laterais da caixa torácica sob a axila.

Este passe mágico consiste em duas partes. Na primeira, o ar é exalado enquanto os círculos são desenhados e inalado enquanto os braços são recuados. Na segunda, o ar é inalado enquanto as mãos e os braços desenham os círculos e exalado enquanto os braços são recuados.

Figura 128

4. Trazendo Energia para o Centro das Decisões com um Movimento Circular dos Braços e das Mãos com as Palmas Viradas para Cima

Este passe mágico é exatamente como o precedente, com as mesmas duas partes de inalação e exalação, mas os dois círculos são desenhados com os braços e as mãos com as palmas viradas para cima (Fig. 129).

5. Trazendo Energia da Parte Mediana do Corpo para o Centro das Decisões

Os braços são dobrados nos cotovelos e mantidos elevados ao nível dos ombros. Os dedos são mantidos frouxos apontando em direção ao ponto V, mas sem tocá-lo (Fig. 130). Os braços se movimentam em um vaivém da direita para a esquerda e da esquerda para a direita. O movimento não é executado pelo mover dos ombros ou dos quadris, mas, sim, pela contração dos músculos do estômago que move a parte mediana do corpo para a direita, para a esquerda, para a direita novamente e assim por diante.

Figura 129

Figura 130

Figura 131

6. Trazendo Energia da Área das Omoplatas para o Centro das Decisões

Os braços são dobrados como no movimento anterior, mas os ombros são arredondados de modo que os cotovelos fiquem bem projetados em direção à frente do corpo. A mão esquerda é colocada em cima da direita. Os dedos são mantidos frouxos apontando em direção ao ponto V, mas sem tocá-lo, e o queixo se projeta e se apoia no local côncavo entre o polegar e o dedo indicador da mão esquerda (Fig. 131). Os cotovelos dobrados são empurrados para a frente, um de cada vez, estendendo as omoplatas ao máximo.

7. Despertando a Energia ao Redor do Centro das Decisões com um Pulso Dobrado

As duas mãos são trazidas para o ponto V na base do pescoço, sem tocá-lo. As mãos ficam delicadamente encurvadas com os dedos apontando para o centro das decisões. Depois as mãos começam a se mover, primeiro a esquerda seguida pela direita, como se estivessem agitando uma substância líquida ao redor daquela área ou como se estivessem abanando o ar para dentro do ponto V com uma série de movimentos delicados da cada mão. Esses movimentos são executados estendendo todo o braço lateralmente e depois trazendo-o de volta para a área em frente ao ponto V (Fig. 132). Depois o braço esquerdo se projeta em frente ao ponto V, com a mão agudamente virada para dentro, usando o pulso e as costas da mão como uma superfície golpeante (Fig. 133). O braço direito executa o mesmo movimento. Desse modo, uma série de golpes vigorosos é desferida para a área bem em frente ao ponto V.

Figura 132

Figura 133

8. Transferindo Energia dos Dois Centros de Vitalidade na Frente do Corpo para o Centro das Decisões

As duas mãos são trazidas para a área do pâncreas e do baço, a uma pequena distância na frente do corpo. A mão esquerda, com a palma virada para cima, é mantida uns dez a 15 centímetros embaixo da mão direita, que está com a palma virada para baixo. O antebraço esquerdo é mantido, em um ângulo de 90º, estendido reto apontando para o lado de fora da frente do corpo. O antebraço direito também está em um ângulo de 90º, mas mantido perto do corpo para que as pontas dos dedos apontem para a esquerda (Fig. 134). A mão esquerda faz dois círculos para o lado de dentro, de cerca de trinta centímetros de diâmetro, ao redor da área do pâncreas e do baço. Quando o segundo círculo estiver completo, a mão direita se projeta para a frente e golpeia com o canto da mão à distância de um braço em direção à área em frente ao fígado e à vesícula biliar (Fig. 135).

Exatamente os mesmos movimentos são realizados no outro lado do corpo invertendo a posição das mãos, que são trazidas para a área do fígado e da vesícula biliar, com a mão direita circulando e a mão esquerda golpeando à distância de um braço em direção à área em frente ao pâncreas e ao baço.

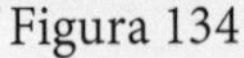

Figura 134 Figura 135

9. Trazendo Energia dos Joelhos para o Centro das Decisões

O braço e a mão esquerdos desenham dois círculos de cerca de trinta centímetros de diâmetro em frente ao ponto V, um pouco em direção à esquerda (Fig. 136). A palma da mão está virada para baixo. Quando o segundo círculo tiver sido desenhado, o antebraço é erguido até o nível do ombro e a mão se afasta do rosto, diagonalmente para a direita, ao nível do ponto V, com um movimento rápido do pulso como se estivesse segurando um chicote (Fig. 137). Os mesmos movimentos são realizados com a mão direita.

Depois uma profunda inalação é feita, seguida de uma exalação enquanto as mãos e os braços deslizam para baixo até atingirem a parte de cima dos joelhos, com as palmas viradas para cima. Ali uma profunda inalação é feita e os braços são erguidos, com o braço esquerdo na liderança. O braço direito cruza sobre o esquerdo enquanto estão passando por cima da cabeça até que os dedos repousem atrás do pescoço. A inalação é mantida enquanto a parte de cima do tronco se move três vezes sucessivamente em um movimento de vaivém; o ombro esquerdo se abaixa primeiro, depois o direito e assim por diante (Fig. 138). Depois o ar é exalado enquanto os braços e as mãos se movem novamente para baixo até a parte de cima dos joelhos, mais uma vez com as palmas das mãos viradas para cima.

Figura 136

Uma profunda inalação é feita e depois o ar é exalado enquanto as mãos são erguidas dos joelhos até o nível do ponto V, com os dedos apontando em direção a ele, sem tocá-lo (Fig. 139). As mãos são trazidas mais uma vez até os joelhos com uma exalação. É feita uma profunda inalação final e as mãos são erguidas até o nível dos olhos e depois abaixadas nas laterais do corpo enquanto o ar é exalado.

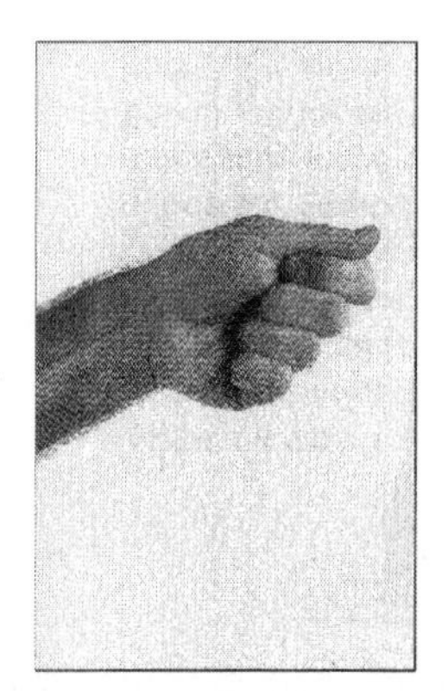

Figura 137

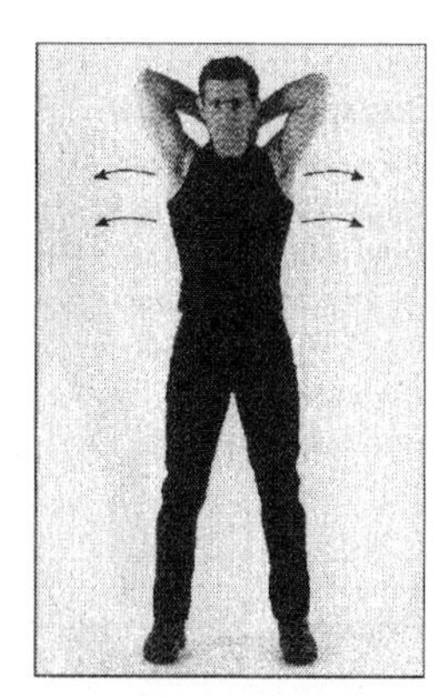

Figura 138

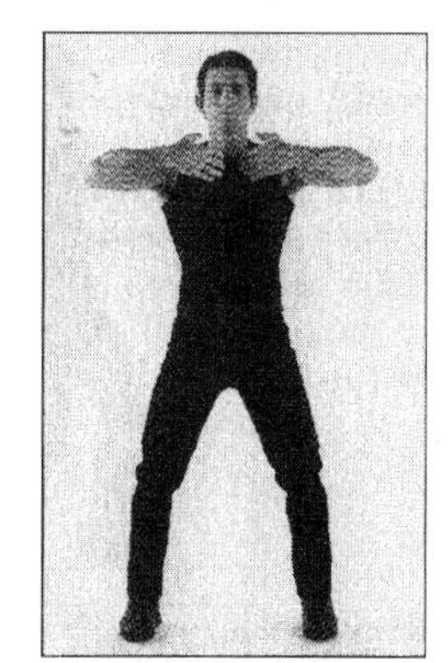

Figura 139

De acordo com dom Juan, os três próximos passes mágicos transferem a energia, que pertence apenas ao centro das decisões, da borda frontal da esfera luminosa, onde ela tem se acumulado ao longo dos anos, para trás e, depois, da parte de trás da esfera luminosa para a frente. Ele dizia que essa energia transferida de um lado para o outro atravessa aquele ponto V, que age como um filtro, utilizando apenas a energia que lhe é própria e descartando o resto. Ele salientava que, por causa desse processo seletivo do ponto V, é essencial realizar esses três passes mágicos tantas vezes quantas forem possíveis.

10. Energia Atravessando o Centro das Decisões da Frente para Trás e de Trás para a Frente com Dois Golpes

É feita uma profunda inalação. Depois o ar é lentamente exalado enquanto o braço esquerdo se projeta ao nível do plexo solar com a palma da mão virada para cima; a palma é mantida plana com os dedos juntos. Depois a mão é fechada em punho. O braço se move para trás, na altura dos quadris, se projetando com um golpe oblíquo (Fig. 140). A exalação termina enquanto a mão se abre.

É feita outra inalação profunda. Segue-se uma lenta exalação enquanto a palma da mão aberta, ainda na parte de trás do corpo, bate dez vezes como se estivesse esbarrando levemente em um objeto redondo sólido. Depois a mão é fechada em punho antes de o braço se mover para a frente em um soco que golpeia uma área em frente ao ponto V, à distância de um braço (Fig. 141). A mão se abre como se estivesse soltando alguma coisa que segurava. O braço se move para baixo, para trás e, depois, por cima da cabeça e golpeia, com a palma virada para baixo, em frente ao ponto V, como se estivesse quebrando o que quer que tenha soltado. Nesse momento a exalação termina (Fig. 142).

A mesma sequência de movimentos é repetida com o braço direito.

Figura 140

Figura 141

Figura 142

11. Transferindo Energia da Frente para Trás e de Trás para a Frente com o Braço em Gancho

É feita uma profunda inalação. Depois o ar é lentamente exalado enquanto o braço esquerdo se move para a frente com a palma da mão virada para cima. A mão é rapidamente fechada em punho. A mão em punho gira até que as costas da mão fiquem viradas para cima e golpeia para trás por cima do ombro. A palma em punho virada para cima. A mão se abre e vira para baixo. A exalação termina.

Figura 143

Figura 144

Figura 145

Figura 146

É feita outra inalação profunda. Depois uma lenta exalação começa enquanto a mão, virada em gancho para baixo, escava três vezes como se estivesse rolando uma substância sólida dentro de uma bola (Fig. 143). A bola é arremessada para cima, ao nível da cabeça, com um rápido movimento da mão e do antebraço (Fig. 144) e rapidamente agarrada com a mão que está de novo com o pulso em gancho (Fig. 145). O braço se move para a frente, depois para a altura do ombro direito e se projeta adiante até a área bem em frente do ponto V, à distância de um braço, usando o pulso e as costas da mão como uma superfície golpeante (Fig. 146). Depois a mão se abre como se estivesse soltando a bola que tinha agarrado. O braço é abaixado, passa pelas costas e por cima da cabeça para golpear com grande força a bola com a palma plana. A exalação termina enquanto todo o corpo se sacode com a força do golpe.

Os mesmos movimentos são repetidos com o outro braço.

12. Transferindo Energia da Frente para Trás e de Trás para a Frente com Três Socos

É feita uma profunda inalação. Segue-se uma lenta exalação enquanto o braço esquerdo se projeta para a frente com a mão aberta e a palma plana virada para cima. A mão é rapidamente fechada em punho, e o braço recua como se fosse desferir uma cotovelada para trás. Depois move-se lateralmente para a direita e desfere um soco lateral com o antebraço esfregando no corpo (Fig. 147). O cotovelo é novamente recuado como se fosse dar uma cotovelada para trás. O braço é estendido para fora do lado esquerdo e para trás, para desferir o quarto soco atrás do corpo com as costas da mão em punho. A exalação termina enquanto a mão se abre (Fig. 148).

Mais uma vez é feita uma profunda inalação. Segue-se uma lenta exalação enquanto a mão, curvada em gancho para baixo, escava três vezes. Depois a mão se fecha como se estivesse agarrando alguma coisa sólida (Fig. 149). O braço balança para a frente ao nível do centro das decisões. Continua até o ombro direito. Lá o antebraço faz uma volta para cima e desfere um soco com as costas do punho em direção à área em frente ao ponto V, à distância de um braço (Fig. 150). A mão se abre como se estivesse soltando alguma coisa que estava segurando. Depois ela se abaixa, passa por trás do corpo, vai por cima da cabeça, com a palma da mão virada para baixo, e golpeia o que quer que tenha soltado com um vigoroso golpe de mão aberta. Ali termina a lenta exalação (Fig. 151).

Os mesmos movimentos são repetidos com o braço direito.

Figura 147

Figura 148

Figura 149

Figura 150

Figura 151

O Segundo Grupo:
A Recapitulação

De acordo com o que dom Juan ensinava a seus discípulos, a recapitulação era uma técnica descoberta pelos feiticeiros do México antigo e usada por todos os xamãs praticantes dali por diante, para examinar e reviver todas as experiências de suas vidas, a fim de alcançar dois objetivos transcendentais: o objetivo abstrato de cumprir um código universal que exige que a consciência seja abandonada no momento da morte e o objetivo extremamente pragmático de adquirir fluidez perceptiva.

Ele dizia que a formulação do primeiro objetivo era o resultado de observações que os feiticeiros fizeram através da sua capacidade de *ver* a energia diretamente como ela flui no universo. Eles tinham *visto* que no universo existe uma força gigantesca, um imenso conglomerado de campos de energia que chamaram a águia ou o mar escuro da consciência. Eles observaram que o mar escuro da consciência é a força que empresta consciência a todos os seres vivos, do vírus ao homem. Acreditavam que a força empresta consciência a um recém-nascido e que esse ser aumenta aquela consciência através das suas experiências de vida até um momento em que a força exige sua devolução.

No entendimento dos feiticeiros, todos os seres vivos morrem porque são forçados a devolver a consciência que lhes foi emprestada. Através das eras, os feiticeiros têm entendido que não existe nenhuma forma do que o homem moderno chama de "o nosso modo linear de pensamento" explicar um fenômeno como esse, porque, para uma linha de raciocínio de causa e efeito, não há como explicar por que e como a consciência é emprestada e depois retomada. Os feiticeiros do México antigo viam isso como um fato energético do universo, um fato que não pode ser explicado em termos de causa e efeito ou em termos de um propósito que pudesse ser determinado *a priori.*

Os feiticeiros da linhagem de dom Juan acreditavam que recapitular significava dar ao mar escuro da consciência o que ele estava buscando: as suas experiências de vida. Entretanto acreditavam que, por meio da recapitulação, poderiam adquirir um grau de controle que lhes permitiria separar as experiências de vida da sua força vital. Para eles, as duas não estavam insoluvelmente entrelaçadas; só estavam unidas circunstancialmente.

Esses feiticeiros afirmavam que o mar escuro da consciência não quer tirar a vida dos seres humanos, só quer as experiências de vida. A falta de disciplina nos seres humanos os impede de separar as duas forças e, no final, eles perdem suas vidas, no momento em que se esperava que perdessem apenas a força das experiências de vida. Os feiticeiros viam a recapitulação como o procedimento através do qual poderiam dar ao mar escuro da consciência um substituto para as suas vidas. Abriam mão das suas experiências de vida relatando-as, mas retinham a sua força vital.

Quando examinadas em termos dos conceitos lineares do nosso mundo ocidental, as alegações perceptivas dos feiticeiros não fazem absolutamente nenhum sentido. A civilização ocidental tem estado em contato com os xamãs do Novo Mundo há quinhentos anos e nunca houve, por parte dos acadêmicos, uma tentativa genuína de formular um discurso filosófico sério com base nas declarações feitas pelos xamãs. Por exemplo, para qualquer membro do mundo ocidental, a recapitulação pode parecer coerente com a psicanálise, algo na linha de um procedimento psicológico, uma espécie de técnica de autoajuda. Nada poderia estar mais distante da verdade.

De acordo com dom Juan Matus, o homem sempre perde por negligência. No caso das premissas da feitiçaria, ele acreditava que o homem ocidental está perdendo uma tremenda oportunidade para intensificar a sua consciência, e que a maneira como o homem ocidental se relaciona com o universo, a vida e a consciência é apenas uma entre múltiplas opções.

Para os xamãs praticantes, recapitular significava dar a uma força incompreensível — o mar escuro da consciência — a própria coisa que ela parecia estar procurando: as suas experiências de vida, isto é, a consciência que eles ampliaram através daquelas próprias experiências de vida. Já que provavelmente dom Juan não poderia me explicar esses fenômenos em termos de lógica clássica, ele dizia que tudo o que os feiticeiros podiam desejar fazer era realizar a façanha de reter sua força vital sem saber como isso era feito. Também dizia que havia milhares de feiticeiros que tinham conseguido fazer isso. Tinham conservado a sua força vital após terem dado ao mar escuro da consciência a força das suas experiências de vida. Para dom Juan, isso significava que esses feiticeiros não morreram no sentido usual como entendemos a morte, mas transcenderam-na retendo sua força vital e desaparecendo da face da Terra, embarcando em uma viagem definitiva de percepção.

A crença dos xamãs da linhagem de dom Juan era que, quando a morte acontece dessa forma, todo o nosso ser transforma-se em energia, um tipo especial de energia que conserva a marca da nossa individualidade. Dom Juan tentava explicar isso em um sentido metafórico dizendo que nós somos compostos de um número de nações unitárias: a nação dos pulmões, a nação do coração, a nação do estômago, a nação dos rins e assim por diante. Às vezes cada uma dessas nações funciona independentemente das outras, mas no momento da morte todas são unificadas em uma única entidade. Os feiticeiros da linhagem de dom Juan chamavam esse estado de liberdade total. Para os feiticeiros, a morte é uma unificadora e não uma exterminadora, como ela o é para o homem comum.

— Esse estado é a imortalidade, dom Juan? — perguntei.

— Isso de modo algum é a imortalidade — respondeu ele. — É simplesmente a entrada em um processo evolucionário, usando o único meio para a evolução que o homem tem à sua disposição: a consciência. Os feiticeiros da minha linhagem estavam convencidos de que, biologicamente, o homem não poderia evoluir mais; consequentemente, consideravam a consciência do homem o único meio para evoluir. No momento de morrer os feiticeiros não são aniquilados pela morte, mas transformados em seres inorgânicos: seres que têm consciência, mas não um organismo. Para eles, serem transformados em um ser inorgânico era evolução e isso significava que um novo tipo indescritível de consciência lhes era emprestado, uma consciência que permaneceria por verdadeiramente milhões de anos, mas que algum dia também precisaria ser devolvida ao doador: o mar escuro da consciência.

Uma das descobertas mais importantes dos xamãs da linhagem de dom Juan foi que, como todas as outras coisas no universo, o nosso mundo é uma combinação de duas forças opostas e ao mesmo tempo complementares. Uma dessas forças é o mundo que conhecemos, que os feiticeiros chamavam o mundo dos seres orgânicos. A outra força é algo que eles chamavam de o mundo dos seres inorgânicos.

— O mundo dos seres inorgânicos — disse dom Juan — é povoado por seres que possuem consciência, mas não um organismo. Eles são conglomerados de campos de energia, exatamente como nós o somos. Aos olhos de um vidente, em vez de seres luminosos, como os seres humanos o são, eles são bastante opacos. Não são configurações energéticas arredondadas, mas, sim, alongadas, como uma vela. Em essência, são conglomerados de campos de energia que, assim como nós, têm coesão e limites. São mantidos unidos pela mesma força aglutinadora que mantém os nossos campos de energia unidos.

— Onde fica esse mundo inorgânico, dom Juan? — perguntei.

— É o nosso mundo gêmeo — respondeu ele. — Ocupa o mesmo tempo e o mesmo espaço que o nosso mundo, mas o tipo de consciência do nosso mundo é tão diferente do tipo de consciência do mundo inorgânico que nunca notamos a presença dos seres inorgânicos, embora eles notem a nossa.

— Os seres inorgânicos são seres humanos que evoluíram? — perguntei.

— Absolutamente não! — exclamou ele. — Os seres inorgânicos do nosso mundo gêmeo têm sido intrinsecamente inorgânicos desde o início, do mesmo modo como temos sido sempre intrinsecamente seres orgânicos, também desde o início. Eles são seres cuja consciência pode evoluir exatamente como a nossa, e sem dúvida o faz, mas não tenho nenhum conhecimento direto de como isso acontece. Entretanto o que sei é que um ser humano cuja consciência evoluiu é um ser inorgânico brilhante, luminescente e arredondado de um tipo especial.

Dom Juan me deu uma série de descrições desse processo evolucionário, que eu sempre assumi como metáforas poéticas. Eu escolhia a que me agradava mais, que era a da liberdade total. Imaginava um ser humano que entra na liberdade total como sendo o ser mais corajoso, mais imaginativo possível. Dom Juan dizia que eu não estava fantasiando absolutamente nada — que, para entrar na liberdade total, um ser humano deve invocar o seu lado sublime que, dizia ele, os seres humanos têm, mas que nunca lhes ocorre usar.

Dom Juan descrevia o segundo, o objetivo pragmático da recapitulação, como a aquisição de fluidez. O fundamento lógico dos feiticeiros por trás disso tinha a ver com um dos assuntos mais evasivos da feitiçaria: o ponto de aglutinação, um ponto de intensa luminosidade, do tamanho de uma bola de tênis, perceptível quando os feiticeiros *veem* um ser humano como um conglomerado de campos de energia.

Feiticeiros como dom Juan *veem* que trilhões de campos de energia na forma de filamentos de luz vindos de todo o universo convergem ao ponto de aglutinação e o atravessam. Essa confluência de filamentos dá ao ponto de aglutinação a sua luminosidade. O ponto de aglutinação possibilita que um ser humano perceba aqueles trilhões de filamentos de energia transformando-os em dados sensoriais. Depois o ponto de aglutinação interpreta esses dados como o mundo da vida cotidiana, isto é, em termos da socialização e do potencial humano.

Recapitular é reviver todas ou quase todas as experiências que tivemos e, fazendo isso, deslocar o ponto de aglutinação, ligeiramente ou bastante, impelindo-o pela força da memória a adotar a posição que tinha quando o acontecimento que está sendo recapitulado ocorreu. Esse ato de ir de um lado para o outro de posições anteriores à atual proporciona aos xamãs praticantes a fluidez necessária para suportarem diferenças extraordinárias em suas viagens pelo infinito. Para os praticantes de Tensegridade, a recapitulação proporciona a fluidez necessária para suportarem diferenças que não fazem parte, de modo algum, de sua cognição habitual.

Como um procedimento formal, a recapitulação era feita nos tempos antigos recordando-se de cada pessoa que os praticantes conheciam e de cada experiência em que tomaram parte. Dom Juan sugeria que, no meu caso, que é o caso do homem moderno, eu fizesse uma lista por escrito de todas as pessoas que eu tinha conhecido em minha vida, como um estratagema mnemônico. Uma vez que eu tivesse escrito a lista, ele continuaria a me dizer como usá-la. Eu precisava pegar a primeira pessoa da minha lista, que retrocedia no tempo do presente até a época da minha primeiríssima experiência de vida, e, na minha memória, estabelecer a minha última interação com aquela primeira pessoa. Essa ação é chamada de organizar o acontecimento a ser recapitulado.

Uma detalhada recordação de minúcias é requerida como o meio apropriado de afiar a capacidade de lembrar. Essa recordação envolve obter todos os detalhes físicos pertinentes, tal como o ambiente no qual o acontecimento recordado ocorreu. Uma vez que o acontecimento está organizado, a pessoa deve realmente entrar no local em si, prestando especial atenção a quaisquer configurações físicas relevantes. Por exemplo, se a interação aconteceu em um escritório, o que deve ser lembrado é o chão, as portas, as paredes, os quadros, as janelas, as mesas, os objetos sobre as mesas, todas as coisas que poderiam ter sido observadas em um relance e depois esquecidas.

Como um procedimento formal, a recapitulação deve começar pelo relato minucioso de acontecimentos que acabaram de ocorrer. Dessa forma, a primazia da experiência tem precedência. Alguma coisa que acabou de ocorrer é algo que a pessoa pode se lembrar com grande precisão. Os feiticeiros sempre confiaram no fato de que os seres humanos são capazes de armazenar informações detalhadas das quais não estão conscientes e de que esse detalhe é o que o mar escuro da consciência procura.

A verdadeira recapitulação do acontecimento requer que a pessoa respire profundamente, abanando a cabeça, por assim dizer, muito lenta e delicadamente, de um lado para o outro, começando por qualquer que seja o lado, esquerdo ou direito. Esse abano da cabeça era feito tantas vezes quantas fossem necessárias, enquanto a pessoa se lembrava de todos os detalhes acessíveis. Dom Juan dizia que os feiticeiros falavam sobre esse ato como inalar todos os sentimentos que a pessoa teve no acontecimento sendo recordado e expelir todos os humores indesejáveis e os sentimentos irrelevantes que permaneceram nela.

Os feiticeiros acreditam que o mistério da recapitulação reside no ato de inalar e exalar. Uma vez que a respiração é uma função de manutenção da vida, os feiticeiros têm certeza de que através dela a pessoa também pode entregar ao mar escuro da consciência o fac-símile das suas experiências de vida. Quando eu pressionava dom Juan por uma explicação racional sobre essa ideia, sua posição era que coisas como a recapitulação só podiam ser experimentadas e não explicadas. Ele dizia que no ato de fazer a pessoa pode encontrar a libertação e que explicar isso era dissipar nossa energia em esforços infrutíferos. Seu convite era coerente com todas as coisas relacionadas ao seu conhecimento: o convite para entrar em ação.

Na recapitulação, a lista de nomes é usada como um estratagema mnemônico que impele a memória em uma viagem inconcebível. A posição dos feiticeiros a esse respeito é que relembrar acontecimentos que acabaram de ocorrer prepara o solo para a recordação de acontecimentos mais distantes no tempo com a mesma clareza e proximidade. Recordar experiências desse modo é revivê-las e extrair dessa recordação um ímpeto extraordinário que é capaz de despertar a energia dispersada dos nossos centros de vitalidade e fazê-la retornar para eles. Os feiticeiros se referem a essa redistribuição de energia que a recapitulação causa como obter fluidez após dar ao mar escuro da consciência o que ele está procurando.

Em um nível mais mundano, a recapitulação proporciona aos praticantes a capacidade de examinar a repetição em suas vidas. A recapitulação pode convencê-los, além de qualquer sombra de dúvida, de que todos nós estamos à mercê de forças que definitivamente não fazem nenhum sentido, embora à primeira vista pareçam perfeitamente razoáveis; como, por exemplo, ficar à mercê do namoro. Parece que para algumas pessoas namorar é a busca de toda uma existência. Pessoalmente, tenho ouvido falar de pessoas com idade avançada cujo único ideal era encontrar uma companhia perfeita e cuja aspiração era terem talvez um ano de felicidade no amor.

Dom Juan Matus costumava me dizer, sob meus veementes protestos, que o problema era que ninguém queria realmente amar alguém, mas que cada um de nós queria ser amado. Ele dizia que para nós essa obsessão pelo namoro, tomado pelo significado visível, era a coisa mais natural do mundo. Ouvir um homem ou uma mulher de 75 anos dizer que ainda está à procura de um companheiro perfeito é uma afirmação de algo idealista, romântico e belo. No entanto, examinar essa obsessão no contexto das repetições intermináveis de uma existência faz com que ela apareça como realmente é: algo grotesco.

Dom Juan me assegurava que, se alguma mudança comportamental está para ser realizada, precisa ser feita através da recapitulação, já que ela é o único veículo que pode intensificar a consciência liberando a pessoa das exigências não expressas da socialização, que são tão automáticas, tão desvalorizadas, que não são sequer notadas sob condições normais e muito menos examinadas.

O verdadeiro ato de recapitular é um empreendimento de toda uma vida. Demora anos para esgotar a lista de pessoas, especialmente para aqueles que conheceram e interagiram com milhares de indivíduos. Essa lista é aumentada pela lembrança de acontecimentos impessoais nos quais nenhuma pessoa está envolvida, mas que precisam ser examinados porque de algum modo estão relacionados à pessoa sendo recapitulada.

Dom Juan afirmava que o que os feiticeiros do México antigo procuravam avidamente ao recapitular era a lembrança da interação, porque, na interação, residem os efeitos profundos da socialização, que eles lutavam para superar por quaisquer meios disponíveis.

OS PASSES MÁGICOS PARA A RECAPITULAÇÃO

A recapitulação afeta algo que dom Juan chamava de corpo energético. Ele explicava formalmente o corpo energético como um conglomerado de campos de energia que são a imagem espelhada dos campos de energia que constituem o corpo humano quando ele é visto diretamente como energia. Dizia que, no caso dos feiticeiros, o corpo físico e o corpo energético são uma única unidade. Os passes mágicos para a recapitulação trazem o corpo energético para o corpo físico, o que é essencial para navegar no desconhecido.

13. Forjando o Tronco do Corpo Energético

Dom Juan dizia que o tronco do corpo energético era forjado com três golpes desferidos com as palmas das mãos. As mãos são mantidas ao nível das orelhas com as palmas viradas para a frente e daquela posição elas golpeiam para a frente, ao nível dos ombros, como se estivessem golpeando os ombros de um corpo bem desenvolvido. Depois as mãos voltam às suas posições originais perto das orelhas, com as palmas viradas para a frente, e golpeiam a parte do meio do tronco daquele corpo imaginário ao nível do peito. O segundo golpe não é tão amplo quanto o primeiro, e o terceiro é ainda mais restrito, porque golpeia a linha da cintura de um tronco em forma triangular (Fig. 152).

Figura 152

14. Esbofeteando o Corpo Energético

As mãos esquerda e direita descem vindas de cima da cabeça. As palmas empurram para baixo criando uma corrente de energia que define cada braço, antebraço e mão do corpo energético. A mão esquerda golpeia atravessando o corpo para atingir a mão esquerda do corpo energético (Fig. 153), e a mão direita faz o mesmo: golpeia atravessando o corpo para atingir a mão direita do corpo energético.

Figura 153

Este passe mágico define os braços e os antebraços, especialmente as mãos, do corpo energético.

15. Estendendo Lateralmente o Corpo Energético

Os pulsos são cruzados na forma de uma letra X em frente ao corpo, quase tocando-o. Os pulsos são mantidos dobrados para trás, a um ângulo de 90° com os antebraços, ao nível do plexo solar. O pulso esquerdo fica acima do direito (Fig. 154). Dali as mãos se estendem, ao mesmo tempo, para as laterais, em um movimento lento como se encontrassem uma tremenda resistência (Fig. 155). Quando os braços alcançam sua abertura máxima, são trazidos de volta para o centro, com as palmas dobradas a um ângulo de 90° em relação aos antebraços, criando a sensação de empurrar matéria sólida de ambos os lados para o centro do corpo. A mão esquerda cruza acima da direita enquanto as mãos se aprontam para outro golpe lateral.

Enquanto o corpo físico, como um conglomerado de campos de energia, tem limites superdefinidos, o corpo energético não tem essa característica. Estender lateralmente a energia dá ao corpo energético os limites definidos que lhe faltam.

Figura 154

Figura 155

16. Estabelecendo o Núcleo do Corpo Energético

Os antebraços são mantidos em uma posição vertical ao nível do peito, com os cotovelos mantidos próximo ao corpo, na largura do tronco. Os pulsos são inclinados para trás delicadamente e depois para a frente com grande força, sem mover os antebraços (Fig. 156).

Figura 156

Como um conglomerado de campos de energia, o corpo humano não somente tem limites superdefinidos como também um núcleo de luminosidade compacta, a que os xamãs chamam a faixa do homem ou os campos de energia com os quais o homem está mais familiarizado. A ideia dos xamãs é que dentro da bola luminosa, que também é a totalidade das possibilidades energéticas do homem, existem áreas de energia das quais os seres humanos absolutamente não têm consciência. São os campos de energia localizados à distância máxima da faixa do homem. Estabelecer o núcleo do corpo energético é fortificá-lo para que ele se aventure nessas áreas de energia desconhecida.

17. Forjando os Calcanhares e as Panturrilhas do Corpo Energético

O pé esquerdo é mantido em frente ao corpo com o calcanhar erguido até o meio da panturrilha. O calcanhar fica virado para fora em uma posição perpendicular à outra perna. Depois o calcanhar esquerdo golpeia para a direita, como se um chute com o calcanhar estivesse sendo desferido, a cerca de 15 ou 18 centímetros de distância da tíbia da perna direita (Figs. 157 e 158).

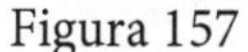

Figura 157

Figura 158

O mesmo movimento é executado depois com a outra perna.

18. Forjando os Joelhos do Corpo Energético

Este passe mágico tem duas partes. Na primeira parte, o joelho esquerdo é dobrado e erguido ao nível dos quadris ou, se possível, ainda mais alto. Todo o peso do corpo é colocado na perna direita, que fica com o joelho ligeiramente dobrado para a frente. Três círculos são desenhados com o joelho esquerdo, movendo-o para o lado de dentro em direção à virilha (Fig. 159). O mesmo movimento é repetido com a perna direita.

Figura 159

Figura 160

Na segunda parte deste passe mágico, os movimentos são repetidos novamente com cada uma das pernas, mas, desta vez, o joelho desenha um círculo para o lado de fora (Fig. 160).

19. Forjando as Coxas do Corpo Energético

Começando com uma exalação, o corpo se inclina ligeiramente nos joelhos enquanto as mãos deslizam pelas coxas. As mãos param em cima das rótulas e depois são puxadas para cima das coxas até o nível dos quadris com uma inalação, como se estivessem arrastando uma substância sólida. Há uma ligeira qualidade de garra em cada mão. O corpo se endireita enquanto essa parte do movimento é executada (Fig. 161).

Figura 161

Com o padrão oposto de respiração, o movimento é repetido, inalando enquanto os joelhos são flexionados e as mãos descem até a parte de cima das rótulas e exalando enquanto elas são puxadas de volta.

20. Despertando a História Pessoal Tornando-a Flexível

Este passe mágico estira e relaxa o tendão do jarrete trazendo cada perna, uma de cada vez, dobrada no joelho, para golpear as nádegas com uma batida suave do calcanhar (Fig. 162). O calcanhar esquerdo golpeia a nádega esquerda e o calcanhar direito golpeia a nádega direita.

Figura 162

Os xamãs põem uma enorme ênfase no retesamento dos músculos da parte de trás das coxas. Eles acreditam que quanto mais retesados esses músculos estiverem, maior a facilidade do praticante em identificar e em se livrar dos padrões de comportamento inúteis.

21. Despertando a História Pessoal Batendo Repetidamente com o Calcanhar no Chão

A perna direita fica a um ângulo de 90° em relação à perna esquerda. O pé esquerdo é colocado o mais longe possível em frente ao corpo enquanto o corpo quase que senta na perna direita. A tensão e a contração dos músculos traseiros da perna direita estão no máximo, assim como o estiramento dos músculos traseiros da perna esquerda. A perna esquerda bate repetidamente no chão com o calcanhar (Fig. 163).

Figura 163

Os mesmos movimentos são executados depois com a outra perna.

22. Despertando a História Pessoal Sustentando o Calcanhar no Chão

Neste passe mágico, os mesmos movimentos são executados como no anterior, novamente com cada uma das pernas, mas, em lugar de bater com o calcanhar, o corpo é mantido em uma tensão equilibrada sustentando o estiramento da perna (Fig. 164).

Figura 164

Os quatro passes mágicos seguintes, uma vez que envolvem inalações e exalações profundas, precisam ser feitos com tranquilidade.

23. As Asas da Recapitulação

Uma profunda inalação é feita enquanto os antebraços são erguidos ao nível dos ombros, com as mãos ao nível das orelhas e as palmas viradas para a frente. Os antebraços são mantidos na vertical e equidistantes um do outro. Segue-se uma exalação enquanto os antebraços são puxados para trás o máximo possível sem incliná-los em nenhuma direção (Fig. 165). Outra profunda inalação é feita. Dentro da duração de uma única longa exalação, cada um dos braços desenha um semicírculo parecido com uma asa, começando com o braço esquerdo se movendo para a frente tão longe quanto possa ser estendido e depois lateralmente desenhando um semicírculo que vai o mais longe possível das costas. O braço faz uma curva no fim dessa extensão e volta para a frente (Fig. 166), para a sua posição inicial de repouso do lado do corpo (Fig. 167). Depois o braço direito segue o mesmo padrão dentro da mesma exalação. Quando esses movimentos estão completos, é feita uma profunda respiração abdominal.

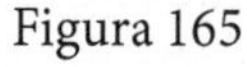

Figura 165

Figura 166

Figura 167

24. A Janela da Recapitulação

A primeira parte deste passe mágico é exatamente igual ao precedente. É feita uma inalação profunda com as mãos erguidas ao nível das orelhas e as palmas viradas para a frente. Os antebraços mantêm uma perfeita verticalidade. Isso é seguido de uma longa exalação enquanto os braços são puxados para trás. É feita uma inalação profunda enquanto os cotovelos são estendidos lateralmente ao nível dos ombros. As mãos são dobradas a um ângulo de 90º em relação aos antebraços, os dedos apontando para cima. As mãos são lentamente empurradas em direção ao centro do corpo até que os antebraços se cruzem. O braço esquerdo é mantido próximo ao corpo e o braço direito é colocado na frente do esquerdo. Dessa forma as mãos criam o que dom Juan chamava de a janela da recapitulação: uma abertura em frente aos olhos que parece uma pequena janela através da qual, afirmava dom Juan, um praticante poderia perscrutar o infinito (Fig. 168). Segue-se uma profunda exalação enquanto o corpo se endireita; os cotovelos são estendidos lateralmente, e as mãos ficam em linha reta e são mantidas no mesmo nível dos cotovelos (Fig. 169).

Figura 168

Figura 169

25. As Cinco Respirações Profundas

O começo deste passe mágico é exatamente igual aos dois anteriores. Na segunda inalação, os braços descem e se cruzam ao nível dos joelhos enquanto o praticante adota uma posição semiagachada. As mãos são colocadas atrás dos joelhos; a mão direita agarra os tendões na parte de trás do joelho esquerdo, e a mão esquerda, com o antebraço em cima do antebraço direito, agarra os tendões na parte de trás do joelho direito. Os dedos indicador e médio seguram os tendões externos, e o polegar envolve a parte interior do joelho. A exalação termina, e uma profunda inalação é feita, acompanhada de uma pressão no tendão (Fig. 170). Cinco inalações são feitas dessa forma.

Figura 170

Este passe mágico faz com que as costas fiquem retas e a cabeça fique alinhada com a espinha e é utilizado para fazer cinco respirações que enchem tanto a parte superior quanto a parte inferior dos pulmões, empurrando o diafragma para baixo.

26. Extraindo Energia dos Pés

A primeira parte deste passe mágico é exatamente igual ao começo dos outros três desta série. Na segunda inalação, os antebraços descem e envolvem os tornozelos, indo do interior para o exterior enquanto o praticante adota uma posição agachada. As costas das mãos repousam em cima dos dedos dos pés e, nessa posição, três inalações profundas e três exalações profundas são feitas (Fig. 171). Após a última exalação, o corpo se endireita enquanto uma profunda inalação é feita para terminar o passe mágico.

Figura 171

O único fulgor de consciência deixado nos seres humanos fica no fundo das suas bolas luminosas, uma orla que se estende em um círculo e atinge o nível dos dedos dos pés. Com este passe mágico, essa orla é tocada com as costas dos dedos e despertada com a respiração.

O Terceiro Grupo: *Sonhar*

Dom Juan Matus definia *sonhar* o ato de usar sonhos normais como uma autêntica entrada para a consciência nos outros domínios de percepção. Para ele, essa definição implicava que os sonhos comuns podiam ser usados como uma portinhola que conduzia a percepção para outras regiões de energia diferente da energia do mundo da vida cotidiana e, no entanto, absolutamente semelhante a ela em um núcleo básico. Para os feiticeiros, o resultado de tal entrada era a percepção de mundos verdadeiros nos quais eles podiam viver ou morrer, mundos que eram estarrecedoramente diferentes dos nossos e, no entanto, absolutamente semelhantes.

Pressionado por uma explicação linear sobre essa contradição, dom Juan Matus reiterava a posição padrão dos feiticeiros: de que as respostas para todas essas perguntas estavam na prática e não na inquisição intelectual. Ele dizia que, para conversarmos sobre tais possibilidades, precisaríamos usar a sintaxe da linguagem, qualquer que fosse a linguagem que falássemos, e que aquela sintaxe, pela força da utilização, limita as possibilidades de expressão. A sintaxe de qualquer linguagem só se refere a possibilidades perceptivas encontradas no mundo em que vivemos.

Dom Juan fazia uma importante diferenciação entre dois verbos em espanhol: um era sonhar, *soñar*; e o outro era *ensoñar*, que é *sonhar* da maneira que os feiticeiros *sonham*.

De acordo com o que dom Juan ensinava, a arte de *sonhar* se originou de uma observação muito casual que os feiticeiros do México antigo fizeram quando *viam* pessoas que estavam adormecidas. Eles notaram que durante o sono o ponto de aglutinação era deslocado, de maneira muito natural e simples, da sua posição habitual e se movia para qualquer lugar ao longo da periferia da bola luminosa ou para qualquer lugar no interior dela. Correlacionando a sua *visão* com os relatos das pessoas que tinham observado dormindo, perceberam que, quanto maior o deslocamento observado do ponto de aglutinação, mais estarrecedores eram os relatos dos acontecimentos e cenas vivenciados em *sonhos.*

Após essa observação se apoderar deles, os feiticeiros começaram a procurar avidamente oportunidades para deslocar os seus próprios pontos de aglutinação. Acabaram usando plantas psicotrópicas para conseguir isso. Muito rápido perceberam que o deslocamento ocasionado pelo uso dessas plantas era errático, forçado e fora de controle. Contudo, no meio desse fracasso, descobriram uma coisa de grande valor. Chamaram-na de atenção do *sonhar.*

Dom Juan explicava esse fenômeno referindo-se primeiro à consciência diária dos seres humanos como a atenção colocada nos elementos do mundo da vida cotidiana. Ele salientava que os seres humanos só lançavam um olhar superficial e, contudo, sustentado para todas as coisas que os cercavam. Mais do que examinar as coisas, os seres humanos simplesmente estabeleciam a presença desses elementos através de um tipo especial de atenção, um aspecto específico da sua consciência geral. A sua alegação era que o mesmo tipo de "olhar", por assim dizer, superficial, mas sustentado, podia ser aplicado aos elementos de um sonho comum. Ele chamava esse outro aspecto específico da consciência geral de atenção do *sonhar* ou da capacidade que os praticantes adquirem de manter a consciência inflexivelmente fixada nos itens dos seus sonhos.

O cultivo da atenção do *sonhar* deu aos feiticeiros da linhagem de dom Juan uma taxonomia básica dos sonhos. Descobriram que a maior parte dos seus sonhos era imaginação, produtos da cognição do seu mundo diário. Entretanto havia alguns que escapavam a essa classificação. Tais sonhos eram estados verdadeiros de consciência intensificada nos quais os elementos do sonho não eram simples imaginação, mas ocorrências geradoras de energia. Para os xamãs, os sonhos que tinham elementos geradores de energia eram sonhos em que eles eram capazes de ver a energia como ela fluía no universo.

Esses xamãs eram capazes de focalizar sua atenção do *sonhar* em qualquer elemento dos seus sonhos e, dessa forma, descobriram que existem dois tipos de sonhos. Um são os sonhos com os quais todos nós estamos familiarizados, nos quais elementos fantasmagóricos entram em ação, algo que poderíamos categorizar como produto da nossa mente, da nossa psique; talvez algo que tenha a ver com a nossa constituição neurológica. O outro tipo de sonhos eles chamavam de sonhos geradores de energia. Dom Juan dizia que aqueles xamãs dos tempos antigos se descobriram em sonhos que não eram sonhos e sim verdadeiras visitas feitas, em um estado parecido com o sonho, a lugares autênticos que não eram deste mundo — lugares reais, exatamente como o mundo no qual vivemos; lugares onde os objetos do sonho geravam energia assim como, para um feiticeiro que *vê*, as árvores, os animais ou até mesmo as rochas geram energia no nosso mundo diário.

Entretanto, para os xamãs, suas visões de tais lugares eram efêmeras demais, temporárias demais para lhes serem de algum valor. Eles atribuíam essa falha ao fato de que os seus pontos de aglutinação não podiam ser mantidos fixos por algum tempo considerável na posição para a qual tinham sido deslocados. As suas tentativas de remediar a situação resultaram na outra arte magna da feitiçaria: a arte da *espreita*.

Um dia dom Juan definiu as duas artes com muita clareza quando me disse que a arte do *sonhar* consistia em deslocar propositadamente o ponto de aglutinação da sua posição habitual. A arte da *espreita* consistia em voluntariamente fazê-lo permanecer fixado na nova posição para a qual tinha sido deslocado.

Essa fixação permitia aos feiticeiros do México antigo a oportunidade de testemunharem outros mundos em toda a sua extensão. Dom Juan dizia que alguns desses feiticeiros nunca voltaram de suas viagens. Em outras palavras, optaram por permanecer lá, onde quer que "lá" possa ter sido.

— Quando os antigos feiticeiros acabaram de mapear os seres humanos como bolas luminosas — disse-me dom Juan certa vez —, tinham descoberto nada menos que seiscentos pontos na bola luminosa total que eram locais de mundos genuínos. Isso queria dizer que, se o ponto de aglutinação se fixasse em qualquer um daqueles lugares, o resultado era a entrada do praticante em um mundo totalmente novo.

— Mas existem esses outros seiscentos mundos, dom Juan? — perguntei.

— A única resposta para essa pergunta é incompreensível — disse ele rindo. — Ela é a essência da feitiçaria, contudo não significa nada para a mente comum. Esses seiscentos mundos estão na posição do ponto de aglutinação. Para que tal resposta faça sentido, são necessárias incalculáveis quantidades de energia. Nós temos a energia. O que nos falta é a facilidade ou a disposição de usá-la.

Eu acrescentaria que nada poderia ser mais verdadeiro do que todas essas declarações e, no entanto, nada poderia fazer menos sentido.

Dom Juan explicava a percepção comum nos termos em que os feiticeiros da sua linhagem a entendiam: em sua localização habitual, o ponto de aglutinação recebe um influxo de campos de energia do universo como um todo na forma de filamentos luminosos, chegando ao número dos trilhões. Uma vez que sua posição é consistentemente a mesma, o raciocínio lógico dos feiticeiros era que os mesmos campos de energia, na forma de filamentos luminosos, convergem para o ponto de aglutinação e o atravessam, proporcionando, como um resultado consistente, a percepção do mundo que conhecemos. Esses feiticeiros chegaram à inevitável conclusão de que, se o ponto de aglutinação fosse deslocado para outra posição, outro conjunto de filamentos energéticos o atravessaria resultando na percepção de um mundo que, por definição, não era o mesmo do mundo da vida cotidiana.

Na opinião de dom Juan, o que os seres humanos consideram normalmente perceber é mais o ato de interpretar dados sensoriais. Ele afirmava que, desde o momento do nascimento, todas as coisas ao nosso redor nos supriam com uma possibilidade de interpretação e que, com o tempo, essa possibilidade se transforma em um sistema completo através do qual conduzimos todas as nossas transações perceptivas no mundo.

Ele salientava que o ponto de aglutinação não era apenas o centro onde a percepção é agrupada, mas também o centro onde a interpretação de dados sensoriais é realizada. Sendo assim, se mudasse a sua localização, ele interpretaria o novo influxo de campos de energia nos mesmíssimos termos que interpreta o mundo da vida cotidiana. O resultado dessa nova interpretação é a percepção de um mundo estranhamente semelhante ao nosso e, no entanto, intrinsecamente diferente. Dom Juan dizia que, energeticamente, aqueles outros mundos são tão diferentes do nosso quanto poderiam ser. Só a interpretação do ponto de aglutinação é que é responsável pelas aparentes semelhanças.

Dom Juan sentia necessidade de uma nova sintaxe que pudesse ser usada para expressar essa assombrosa qualidade do ponto de aglutinação e as possibilidades de percepção ocasionadas pelo *sonhar*. No entanto ele admitia que, se essa experiência se tornasse disponível a qualquer um de nós e não simplesmente aos xamãs iniciados, a sintaxe atual da nossa linguagem talvez pudesse ser forçada a abrangê-la.

Uma coisa relacionada ao *sonhar* que era de tremendo interesse para mim, mas que me deixou completamente confuso até o final, era a afirmação de dom Juan de que de fato não havia nenhum procedimento que ensinasse alguém como *sonhar*. Dizia que, mais do que qualquer outra coisa, *sonhar* era um esforço árduo por parte dos praticantes para se porem em contato com a indescritível força que a tudo permeia, que os feiticeiros do México antigo chamavam de *intento*. Uma vez que essa ligação estivesse estabelecida, *sonhar* também se estabeleceria misteriosamente. Dom Juan afirmava que essa ligação poderia ser realizada seguindo qualquer padrão que implicasse disciplina.

Quando lhe pedi que me desse uma explicação sucinta dos procedimentos envolvidos, ele riu de mim.

— Aventurar-se no mundo dos feiticeiros — disse ele — não é como aprender a dirigir um carro. Para dirigir um carro, você precisa de manuais e de instruções. Para *sonhar*, você precisa *intentá-lo*.

— Mas como posso *intentá-lo*? — insisti.

— A única maneira como você poderia *intentá-lo* é *intentando-o* — declarou ele. — Uma das coisas mais difíceis para um homem dos nossos dias aceitar é a falta de procedimentos. O homem moderno está nos paroxismos dos manuais, das praxes, dos métodos, dos passos que conduzem a alguma coisa. Está incessantemente tomando notas, fazendo diagramas, profundamente envolvido em saber como fazer. Porém, no mundo dos feiticeiros, os procedimentos e os rituais são meros esquemas para atrair e focalizar a atenção. São estratagemas usados para forçar uma concentração de interesse e determinação. Não têm nenhum outro valor.

Para *sonhar*, o que dom Juan considerava ser de suprema importância é a execução rigorosa dos passes mágicos: o único estratagema que os feiticeiros da sua linhagem usavam para auxiliar o deslocamento do ponto de aglutinação. A execução dos passes mágicos dava àqueles feiticeiros a estabilidade e a energia necessárias para suscitar a sua atenção do *sonhar*, sem o que, para eles, não havia nenhuma possibilidade de *sonhar*. Sem a emergência da atenção do *sonhar*, o máximo que os praticantes poderiam aspirar era ter sonhos lúcidos sobre mundos fantasmagóricos. Talvez pudessem ter visões de mundos que geram energia, mas, para eles, elas não fariam nenhum sentido na ausência de um fundamento lógico abrangente que as categorizasse adequadamente.

Uma vez que os feiticeiros da linhagem de dom Juan tinham desenvolvido a sua atenção do *sonhar*, perceberam que tinham tocado nas portas do infinito. Tinham sido bem-sucedidos na ampliação dos parâmetros da sua percepção normal. Descobriram que o seu estado normal de consciência era infinitamente mais variado do que tinha sido antes do advento da sua atenção do *sonhar*. Daquele ponto em diante, os feiticeiros poderiam verdadeiramente se aventurar no desconhecido.

— O aforismo "o céu é o limite" — disse dom Juan — era mais aplicável aos feiticeiros dos tempos antigos. Certamente, eles se superaram.

— Para eles, era realmente verdade que o céu era o limite, dom Juan? — perguntei.

— Essa pergunta só poderia ser respondida por cada um de nós individualmente — disse ele sorrindo efusivamente. — Eles nos deram as ferramentas. Depende de nós, individualmente, usá-las ou rejeitá-las. Em essência, estamos sozinhos diante do infinito e a questão de sermos ou não capazes de alcançarmos os nossos limites precisa ser respondida pessoalmente.

OS PASSES MÁGICOS PARA *SONHAR*

27. Afrouxando o Ponto de Aglutinação

O braço esquerdo, com a palma da mão virada para cima, alcança acima da área atrás das omoplatas, enquanto o tronco se inclina um pouco para a frente. Depois, com um movimento sorrateiro do lado esquerdo do corpo para a frente, o braço é trazido movendo-se em um empurrão para cima em frente ao rosto, com a palma da mão esquerda virada para o lado esquerdo. Os dedos são mantidos juntos (Figs. 172 e 173).

Este passe mágico é executado por cada braço em sucessão. Os joelhos são mantidos flexionados para dar maior estabilidade e força de impulso.

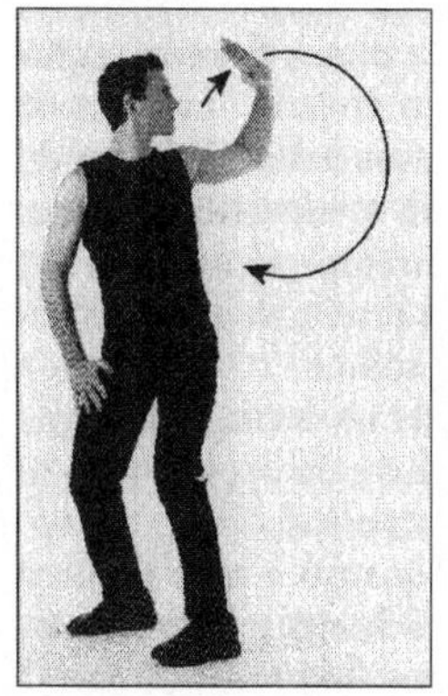
Figura 172

Figura 173

28. Forçando o Ponto de Aglutinação a Cair

O dorso é mantido o mais ereto possível. Os joelhos também não estão dobrados. O braço esquerdo, totalmente estendido, é colocado nas costas, a uma pequena distância do corpo. A mão é dobrada a um ângulo de 90° em relação ao antebraço; a palma está virada para baixo, e os dedos, totalmente estendidos, apontam para trás. O braço direito totalmente estendido é colocado em frente na mesma posição: com o pulso inclinado a um ângulo de 90°, a palma virada para baixo e os dedos apontando para a frente.

A cabeça vira em direção ao braço que está atrás, e nesse instante acontece um estiramento total dos tendões das pernas e dos braços. Essa tensão dos tendões é mantida por um instante (Fig. 174). Os mesmos movimentos são repetidos com o braço direito nas costas e o esquerdo na frente.

Figura 174

29. Extraindo Energia das Glândulas Suprarrenais e Transferindo-a para a Frente para Soltar o Ponto de Aglutinação

O braço esquerdo é colocado atrás do corpo ao nível dos rins, o mais longe para a direita quanto possa alcançar; a mão é mantida em garra. A mão em garra cruza a área do rim, da direita para a esquerda, como se estivesse arrastando uma substância sólida. O braço direito é mantido na sua posição normal ao lado da coxa.

A seguir a mão esquerda se move para a frente; a palma é mantida reta contra o fígado e a vesícula biliar no lado direito. A mão esquerda cruza a frente do corpo até o lado esquerdo, até a área do pâncreas e do baço, como se estivesse alisando a superfície de uma substância sólida. Ao mesmo tempo, a mão direita, mantida em garra atrás do corpo, move-se da esquerda para a direita sobre os rins como se estivesse arrastando uma substância sólida.

Depois a mão direita é colocada na frente do corpo; a palma é mantida reta contra a área do pâncreas e do baço. A mão cruza a frente do corpo até a área do fígado e da vesícula biliar como se estivesse alisando uma superfície áspera, enquanto a mão esquerda em garra cruza novamente a área dos rins, da direita para a esquerda, como se estivesse arrastando uma substância sólida (Figs. 175 e 176). Os joelhos são mantidos dobrados para dar maior estabilidade e força.

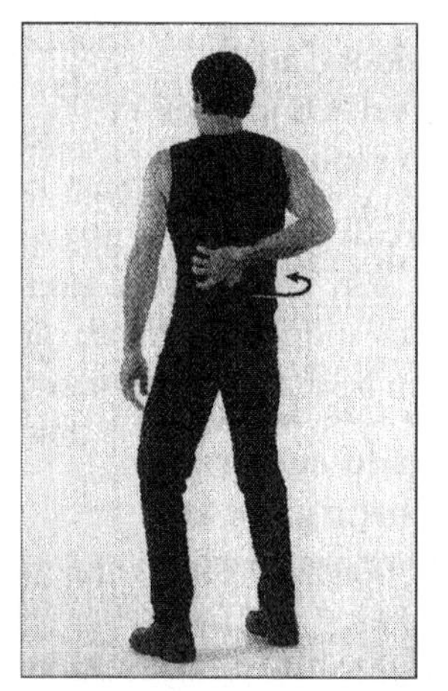

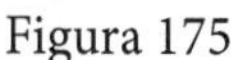

Figura 175

Figura 176

30. Colocando em Funcionamento os Tipos A e B de Energia

O antebraço direito, dobrado em uma posição vertical a um ângulo de 90º, é centralizado em frente ao corpo com o cotovelo quase ao nível dos ombros e a palma da mão virada para a esquerda. O antebraço esquerdo, dobrado no cotovelo e mantido em uma posição horizontal, é colocado com as costas da mão embaixo do cotovelo direito. Os olhos, sem focalizarem nenhum dos dois antebraços, mantêm uma visão periférica de ambos. A pressão do braço direito é para baixo, enquanto a pressão do braço esquerdo é para cima. As duas forças agem simultaneamente em ambos os braços, mantidos sob essa tensão por um instante (Fig. 177).

Figura 177

Depois o mesmo movimento é executado invertendo a ordem e a posição dos braços.

Os xamãs do México antigo acreditavam que todas as coisas no universo são compostas por duas forças e que os seres humanos estão sujeitos a essa dualidade em todos os aspectos de suas vidas. Ao nível de energia, eles consideravam que duas forças estão em funcionamento. Dom Juan as chamava de as forças A e B. A força A é normalmente empregada em nossos afazeres diários e é representada por uma linha reta vertical. A força B normalmente é uma força obscura que raramente entra em ação e é mantida em repouso. É representada por uma linha horizontal desenhada, em sua base, à esquerda da linha vertical fazendo, dessa forma, uma letra L maiúscula invertida.

Na visão de dom Juan, os xamãs, homens e mulheres, eram as únicas pessoas que tinham sido capazes de transformar a força B, que normalmente repousa horizontalmente, fora de uso, em uma linha vertical ativa. E, consequentemente, tinham tido êxito em colocar em repouso a força A. Esse processo era representado desenhando uma linha horizontal na base de uma vertical, à sua direita, formando, como resultado, uma letra L maiúscula. Dom Juan retratava este passe mágico como o que melhor exemplificava essa dualidade e o esforço dos feiticeiros para inverter os seus efeitos.

31. Puxando o Corpo Energético para a Frente

Os braços são mantidos ao nível dos ombros com os cotovelos dobrados. As mãos se sobrepõem uma à outra e estão viradas com as palmas para baixo. Um círculo é feito com as mãos girando ao redor uma da outra; o movimento é para dentro, em direção ao rosto (Fig. 178). Giram três vezes em torno uma da outra. Depois o braço esquerdo é empurrado para a frente com a mão em punho, como se fosse golpear um alvo invisível na frente do corpo à distância de um braço (Fig. 179). Mais três círculos são desenhados com ambas as mãos, e depois o braço direito golpeia da mesma forma que o esquerdo.

Figura 178

Figura 179

32. Arremessando o Ponto de Aglutinação por Cima do Ombro como se Fosse uma Faca

A mão esquerda passa por cima da cabeça, vai até a área atrás das omoplatas e agarra como se estivesse segurando um objeto sólido. Depois move-se por cima da cabeça para a frente do corpo como se estivesse arremessando alguma coisa para a frente. Os joelhos são mantidos flexionados para dar estabilidade ao arremesso. O mesmo movimento é repetido com o braço direito (Figs. 180 e 181).

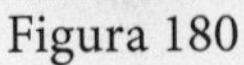

Figura 180 Figura 181

Esse passe mágico é uma verdadeira tentativa de arremessar o ponto de aglutinação para deslocá-lo da sua posição habitual. O praticante segura o ponto de aglutinação como se ele fosse uma faca. Alguma coisa no *intento* de arremessar o ponto de aglutinação causa um profundo efeito com relação ao seu verdadeiro deslocamento.

33. Arremessando o Ponto de Aglutinação das Costas perto da Cintura como se Fosse uma Faca

Os joelhos são mantidos dobrados enquanto o corpo se inclina para a frente. Depois, partindo da lateral, o braço esquerdo alcança as costas, até a área atrás das omoplatas, agarra alguma coisa como se fosse algo sólido e a arremessa para a frente, na altura da cintura, com um movimento rápido do pulso como se estivesse arremessando um disco plano ou uma faca (Figs. 182 e 183). Os mesmos movimentos são repetidos com a mão direita.

Figura 182 Figura 183

34. Arremessando o Ponto de Aglutinação do Ombro como se Fosse um Disco

Uma grande rotação da cintura é feita para a esquerda, o que impele o braço direito a girar para o lado esquerdo da perna esquerda. Depois o movimento da cintura, movendo-se na direção oposta, impele o braço esquerdo a girar para o lado direito da perna direita. Outro movimento da cintura impele o braço direito a girar novamente para o lado esquerdo da perna esquerda. Nesse ponto, a mão esquerda alcança instantaneamente as costas, com um movimento circular, para agarrar alguma coisa sólida na área atrás das omoplatas (Fig. 184). Depois, com um movimento giratório circular, leva-a para a frente do corpo e para cima ao nível do ombro direito. A palma da mão fechada fica virada para cima. Dessa posição, com um movimento rápido do pulso, a mão esquerda faz um movimento de arremesso, como se fosse atirar para a frente alguma coisa sólida como um disco (Fig. 185).

As pernas são mantidas ligeiramente dobradas nos joelhos e uma grande pressão é exercida na parte de trás das coxas. O braço direito, com o cotovelo ligeiramente dobrado, é estendido para trás do corpo para dar estabilidade ao ato de arremessar um disco. Essa posição é mantida por um instante enquanto o braço esquerdo mantém a posição de ter acabado de arremessar um objeto.

Os mesmos movimentos são repetidos com o outro braço.

Figura 184

Figura 185

35. Arremessando o Ponto de Aglutinação como uma Bola por cima da Cabeça

A mão esquerda move-se rapidamente até a área atrás das omoplatas e agarra alguma coisa como se ela fosse sólida (Fig. 186). O braço gira duas vezes em um grande círculo acima da cabeça, como se para ganhar impulso (Fig. 187), e faz o movimento de arremessar uma bola para a frente (Fig. 188). Os joelhos são mantidos flexionados. Esses movimentos são repetidos com a mão direita.

Figura 186

Figura 187

Figura 188

O Quarto Grupo: O Silêncio Interior

Dom Juan dizia que o silêncio interior era o estado buscado com maior avidez pelos xamãs do México antigo. Ele o definia como um estado natural da percepção humana, no qual os pensamentos são bloqueados e todas as faculdades do homem operam de um nível de consciência que não requer a utilização do nosso sistema cognitivo diário.

Para os xamãs da linhagem de dom Juan, o silêncio interior sempre tem sido associado à escuridão, talvez porque a percepção humana, privada do seu companheiro habitual, o diálogo interno, caia em algo que se assemelha a um buraco escuro. Ele dizia que o corpo funciona normalmente, mas a percepção se torna mais aguda. As decisões são instantâneas e parecem provir de um tipo especial de conhecimento que é destituído de verbalizações mentais.

De acordo com dom Juan, a percepção humana, funcionando em uma condição de silêncio interior, é capaz de atingir níveis indescritíveis. Alguns desses níveis de percepção são mundos em si e de modo algum são como os mundos alcançados através do *sonhar*. Eles são indescritíveis e inexplicáveis em termos dos paradigmas lineares que o estado habitual da percepção humana emprega para explicar o universo.

No entendimento de dom Juan, o silêncio interior é a matriz para um passo gigantesco de evolução: o conhecimento silencioso ou o nível da consciência humana no qual o saber é automático e instantâneo. Nesse nível, o conhecimento não é o produto da cogitação cerebral, da indução e da dedução lógica ou de generalizações baseadas em semelhanças e diferenças. No nível do conhecimento silencioso não existe nada *a priori*, nada que pudesse constituir um corpo de conhecimento, porque tudo é iminentemente *agora*. Peças complexas de informação poderiam ser captadas sem quaisquer preliminares cognitivas.

Dom Juan acreditava que o conhecimento silencioso era insinuado para o homem primitivo, mas que o homem primitivo não era realmente o possuidor do conhecimento silencioso. Tal insinuação era infinitamente mais forte do que a que o homem moderno experimenta, na qual a carga de conhecimento é produto de aprendizado rotineiro. É um axioma dos feiticeiros o fato de que, embora tenhamos perdido essa insinuação, a avenida que conduz ao conhecimento silencioso estará sempre aberta ao homem por meio do silêncio interior.

Dom Juan Matus ensinava a linha inflexível da sua linhagem: que o silêncio interior deve ser obtido através de uma pressão consistente de disciplina. Precisa ser acumulado ou armazenado pouco a pouco, segundo por segundo. Em outras palavras, a pessoa precisa se forçar a ficar em silêncio, mesmo que seja apenas por alguns segundos. De acordo com dom Juan, era conhecimento comum entre os feiticeiros que, se a pessoa persiste, a persistência supera o hábito e, assim, é possível chegar a um limiar de segundos ou minutos acumulados, que difere de pessoa para pessoa. Se, para determinado indivíduo, o limiar do silêncio interior for de, por exemplo, dez minutos, uma vez que esse limiar é atingido, o silêncio interior acontece por si mesmo, espontaneamente, por assim dizer.

Fui previamente avisado de que não havia nenhuma forma possível de saber qual poderia ser o meu limiar individual e que a única maneira de descobrir isso era através da experiência direta. Foi exatamente o que aconteceu comigo. Seguindo a sugestão de dom Juan, eu tinha persistido em me forçar a permanecer em silêncio e, um dia, enquanto caminhava na UCLA (Universidade da Califórnia de Los Angeles), alcancei meu misterioso limiar. Sabia que o tinha alcançado porque, em um instante, experimentei algo que dom Juan havia descrito extensamente para mim. Ele o chamava de *parar o mundo*. No piscar de um olho, o mundo parou de ser o que era e, pela primeira vez em minha vida, tornei-me consciente de que eu estava *vendo* a energia como ela fluía no universo. Precisei me sentar em uma escada de tijolos. Sabia que estava sentando em uma escada de tijolos, mas só o sabia intelectualmente, através da memória. Experimentalmente, eu estava descansando em energia. Eu mesmo era energia, assim como todas as coisas ao meu redor. Eu tinha anulado o meu sistema de interpretação.

Após *ver* a energia diretamente, percebi algo que se tornou o horror do meu dia, algo que ninguém, com exceção de dom Juan, poderia me explicar satisfatoriamente. Conscientizei-me de que, embora estivesse *vendo* pela primeira vez em minha vida, eu estivera *vendo* a energia como ela flui no universo a minha vida toda, mas não tinha tido consciência disso. A novidade não foi *ver* a energia como ela flui no universo. A novidade foi a dúvida que surgiu com tal fúria que me fez voltar novamente à tona do mundo da vida cotidiana. Eu me perguntava o que estivera me impedindo de compreender que eu havia estado *vendo* a energia como ela flui no universo a minha vida toda.

— Aqui há dois pontos em jogo — explicou-me dom Juan quando lhe perguntei sobre essa contradição enlouquecedora. — Um é a percepção geral. O outro é a consciência especial e deliberada. Em termos gerais, todos os seres humanos têm consciência de *ver* a energia como ela flui no universo. Entretanto só os feiticeiros estão especial e deliberadamente conscientes disso. Tornar-se consciente de alguma coisa da qual você tem uma percepção geral requer energia e a rígida disciplina necessária para obtê-la. O seu silêncio interior, o produto da disciplina e da energia, fez a ponte entre a percepção geral e a consciência especial.

Dom Juan enfatizava, de todas as maneiras que conseguia, o valor de uma atitude pragmática para sustentar o advento do silêncio interior. Ele definia uma atitude pragmática como a capacidade de absorver qualquer contingência que possa aparecer ao longo do caminho. Para mim, ele próprio era o exemplo vivo de tal atitude. Não havia nenhuma incerteza ou risco que a sua simples presença não pudesse dispersar.

Todas as vezes que podia ele reiterava que os efeitos do silêncio interior eram muito variáveis e que o único impedimento a essa condição era a atitude pragmática, que era o produto de um corpo magnificamente flexível, ágil e forte. Dizia que, para os feiticeiros, o corpo físico era a única entidade que fazia algum sentido e que não existia essa tal coisa de um dualismo entre corpo e mente. Afirmava que o corpo físico envolvia tanto o corpo quanto a mente como nós os conhecemos e que, para contrabalançar o corpo físico como uma unidade holística, os feiticeiros consideravam outra configuração de energia que era alcançada através do silêncio interior: o corpo energético. Ele explicava que o que eu tinha experimentado no momento em que tinha *parado o mundo* era o ressurgimento do meu corpo energético e que essa configuração de energia era a única que sempre tinha sido capaz de *ver* a energia como ela fluía no universo.

OS PASSES MÁGICOS QUE AUXILIAM A OBTENÇÃO DO SILÊNCIO INTERIOR

36. Desenhando Dois Semicírculos com Cada Pé

Todo o peso do corpo fica na perna direita. O pé esquerdo é colocado meio passo em frente a ela e desliza no chão desenhando um semicírculo para a esquerda. A protuberância arredondada do pé vem parar quase tocando o calcanhar direito. De lá desenha outro semicírculo para as costas (Fig. 189). Esses círculos são desenhados com a protuberância arredondada do pé esquerdo. O calcanhar é mantido fora do chão para tornar o movimento fácil e uniforme.

Figura 189

O movimento é invertido e mais dois semicírculos são desenhados dessa forma, começando pelas costas e indo para a frente.

Os mesmos movimentos são executados com o pé direito após todo o peso do corpo ser transferido para a perna esquerda. O joelho da perna que suporta o peso fica flexionado para dar força e estabilidade.

37. Desenhando uma Meia-Lua com Cada Pé

O peso do corpo é colocado na perna direita. O pé esquerdo fica a meio passo em frente do direito, desenhando no chão um amplo semicírculo em torno do corpo, saindo da frente para a esquerda e para trás do corpo. Esse semicírculo é desenhado com a protuberância arredondada do pé (Fig. 190). Outro semicírculo é desenhado de trás para a frente da mesma forma. Os mesmos movimentos são executados com a perna direita após transferir o peso para a perna esquerda.

Figura 190

38. O Espantalho ao Vento com os Braços para Baixo

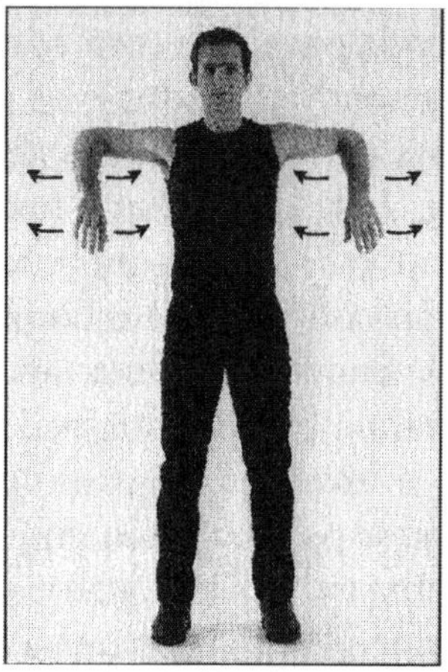

Os braços são mantidos estendidos lateralmente ao nível dos ombros com os cotovelos dobrados e os antebraços pendendo para baixo em um ângulo reto de 90º. Os antebraços balançam livremente de um lado para o outro, como se movidos só pelo vento. Os antebraços e os pulsos são mantidos retos e na vertical. Os joelhos ficam contraídos.

Figura 191

39. O Espantalho ao Vento com os Braços para Cima

Assim como no passe mágico precedente, os braços são estendidos lateralmente ao nível dos ombros, com a exceção de que os antebraços ficam virados para cima, dobrados a um ângulo de 90º. Os antebraços e os pulsos são mantidos retos e na vertical (Fig. 192). Depois eles balançam livremente para baixo no lado da frente (Fig. 193) e novamente para cima. Os joelhos ficam contraídos.

Figura 192

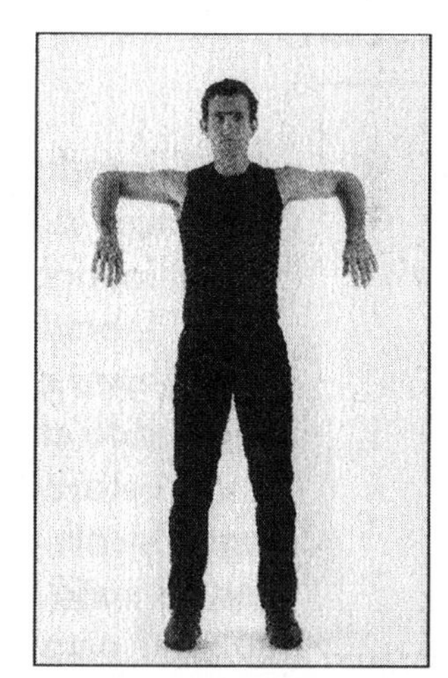

Figura 193

40. Empurrando a Energia para Trás com Todo o Braço

Os cotovelos são agudamente dobrados, e os antebraços são mantidos apertados contra os lados do corpo, o mais alto possível, com as mãos fechadas em punho (Fig. 194). Enquanto é feita uma exalação, os antebraços são completamente estendidos para baixo e para trás, o mais alto possível. Os joelhos estão contraídos, e o corpo se inclina ligeiramente para a frente (Fig. 195). Enquanto é feita uma inalação, os braços são trazidos para a frente, para a posição original, dobrando os cotovelos.

Depois a respiração é invertida enquanto o movimento é repetido. Em vez de exalar enquanto os braços são empurrados para trás, é feita uma inalação. Segue-se uma exalação enquanto os cotovelos são dobrados e os antebraços são trazidos para cima contra as axilas.

Figura 194

Figura 195

41. Girando o Antebraço

Os braços são mantidos em frente ao corpo com os cotovelos dobrados e os antebraços na vertical. Cada mão, dobrada no pulso, assemelha-se à cabeça de um pássaro e fica ao nível dos olhos com os dedos apontando em direção ao rosto (Fig. 196). Mantendo os cotovelos retos e na vertical, os pulsos viram rapidamente para o outro lado, girando nos antebraços, fazendo com que os dedos das mãos passem a apontar para a frente (Fig. 197). Os joelhos ficam dobrados para dar estabilidade e força.

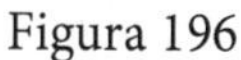

Figura 196

Figura 197

42. Movendo a Energia em uma Ondulação

Os joelhos são mantidos retos e o corpo encurvado. Os dois braços são mantidos pendendo nas laterais. O braço esquerdo se move para a frente com três ondulações da mão, como se a mão estivesse acompanhando o contorno de uma superfície com três semicírculos nela (Fig. 198). A seguir a mão corta atravessando a frente do corpo em uma linha reta da esquerda para a direita; depois da direita para a esquerda (Fig. 199) e novamente se move para trás na lateral do corpo com mais três ondulações, desenhando desse modo a forma espessa de uma letra L maiúscula invertida com no mínimo 15 centímetros de espessura.

Os mesmos movimentos são repetidos com o braço direito.

Figura 198

Figura 199

43. A Energia T das Mãos

Os dois antebraços são mantidos em ângulos retos bem em frente ao plexo solar fazendo a forma de uma letra T. A mão esquerda é a barra horizontal da letra T com a palma virada para cima. A mão direita é a barra vertical da letra T com a palma virada para baixo (Fig. 200). A seguir as mãos viram ao contrário ao mesmo tempo, com considerável força. A palma da mão esquerda fica virada para baixo e a palma da mão direita fica virada para cima, com as duas mãos mantendo a mesma forma da letra T (Fig. 201).

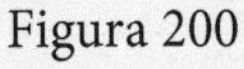

Figura 200

Figura 201

Os mesmos movimentos são executados novamente colocando a mão direita como a barra horizontal da letra T e a mão esquerda como a barra vertical.

44. Pressionando a Energia com os Polegares

Os antebraços, dobrados nos cotovelos, são mantidos bem em frente ao corpo em uma perfeita posição horizontal, mantendo a largura do corpo. Os dedos estão curvados em um punho frouxo, e os polegares são mantidos retos e aninhados nos dedos indicadores curvados (Figs. 202 e 203). Uma pressão intermitente é exercida entre o polegar e o dedo indicador e entre os dedos curvados e a palma da mão. Eles se contraem e relaxam, espalhando o impulso para os braços. Os joelhos ficam dobrados para dar estabilidade.

Figura 202

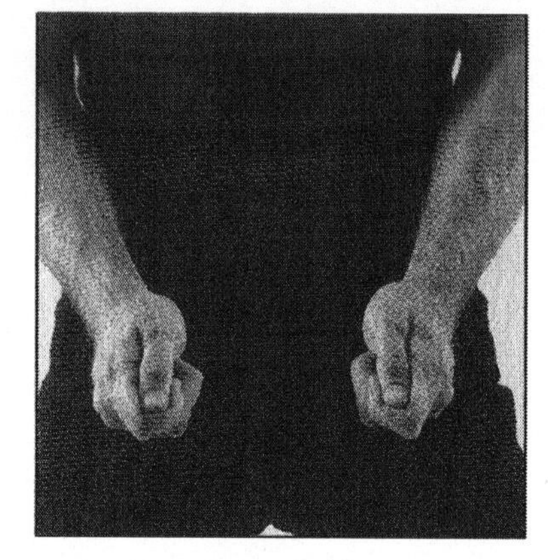

Figura 203

45. Desenhando um Ângulo Agudo com os Braços entre as Pernas

Os joelhos ficam contraídos, com os tendões dos jarretes o mais firme possível. O tronco é inclinado para a frente com a cabeça quase ao nível dos joelhos. Os braços ficam pendentes e, movendo-se repetidamente para a frente e para trás, desenham um ângulo agudo com o seu vértice entre as pernas (Figs. 204 e 205).

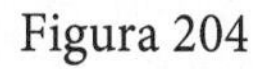

Figura 204

Figura 205

46. Desenhando um Ângulo Agudo com os Braços em frente ao Rosto

Os joelhos ficam contraídos, com os tendões dos jarretes o mais firme possível. O tronco é inclinado para a frente com a cabeça quase ao nível dos joelhos. Os braços ficam pendentes e, movendo-se repetidamente de trás para a frente, desenham um ângulo agudo com o seu vértice na frente do rosto (Figs. 206 e 207).

Figura 206

Figura 207

47. Desenhando um Círculo de Energia entre as Pernas e em frente ao Corpo

Os joelhos ficam contraídos, com os tendões dos jarretes o mais firme possível. O tronco é inclinado para a frente com a cabeça quase ao nível dos joelhos. Os braços ficam pendentes em frente ao corpo. Os dois braços se cruzam nos pulsos, com o antebraço esquerdo em cima do direito. Os braços cruzados balançam para trás entre os joelhos (Fig. 208). Dali cada um deles faz um círculo para fora em frente ao rosto. No final do círculo os braços apontam para a frente com o pulso esquerdo em cima do direito (Fig. 209). Dali eles desenham dois círculos para dentro e terminam entre as pernas, com os pulsos cruzados mais uma vez na posição inicial.

Figura 208

Figura 209

Depois o pulso direito é colocado em cima do esquerdo, e os mesmos movimentos são repetidos.

48. Três Dedos no Chão

Os braços são trazidos lentamente para cima da cabeça enquanto uma profunda inalação é feita. Uma lenta exalação começa enquanto os braços são trazidos até o chão, mantendo os joelhos contraídos, e os tendões dos jarretes o mais firme possível. Os dedos indicador e médio de cada mão tocam o chão a uns trinta centímetros à frente do corpo, e depois o polegar também é trazido para apoiar no chão (Fig. 210). É feita uma profunda inalação enquanto a posição é mantida. O corpo se endireita e os braços são erguidos acima da cabeça. O ar é exalado enquanto os braços abaixam até o nível da cintura.

Figura 210

49. As Juntas nos Dedos dos Pés

Os braços são erguidos acima da cabeça enquanto é feita uma inalação profunda. Enquanto o ar é exalado, os braços são trazidos até o chão, mantendo os joelhos contraídos e os tendões dos jarretes o mais firme possível. As juntas das mãos são colocadas em cima dos dedos dos pés enquanto a exalação termina (Fig. 211). É feita uma profunda inalação enquanto a posição é mantida. O corpo se endireita, e os braços são erguidos acima da cabeça. A exalação começa quando os braços são abaixados até o nível da cintura.

Figura 211

50. Extraindo Energia do Chão com a Respiração

Uma profunda inalação é feita enquanto os braços são erguidos acima da cabeça. Os joelhos são mantidos dobrados. A exalação começa enquanto o tronco vira para a esquerda e se inclina para baixo o máximo possível. As mãos, com as palmas para baixo, vêm ficar ao redor do pé esquerdo, com a mão direita na frente do pé e a mão esquerda atrás dele. Enquanto a exalação termina, as mãos se movem cinco vezes de um lado para o outro (Fig. 212). Depois uma profunda inalação é feita, e o corpo se endireita, enquanto os braços vão para cima da cabeça. O tronco vira para a direita, e a exalação começa enquanto o tronco se inclina para baixo o máximo possível. A exalação termina após as mãos se moverem cinco vezes de um lado para o outro perto do pé direito. Outra inalação profunda é feita, e o corpo se endireita enquanto os braços vão para cima da cabeça e o tronco gira para a frente. Depois os braços abaixam enquanto o ar é exalado.

Figura 212

A QUARTA SÉRIE

A Separação do Corpo Esquerdo e do Corpo Direito: A Série do Aquecimento

Dom Juan ensinava a seus discípulos que para os xamãs que viveram no México em tempos antigos o conceito de que um ser humano é composto de dois corpos funcionais completos, um à esquerda e outro à direita, era fundamental para os seus esforços como feiticeiros. Tal esquema classificatório não tinha nada a ver com especulações intelectuais da parte dos feiticeiros ou com conclusões lógicas a respeito das possibilidades de distribuição da massa no corpo.

Quando dom Juan me explicou isso, contrapus dizendo-lhe que os biólogos modernos tinham o conceito de simetria bilateral que significa "um plano corporal básico no qual os lados esquerdo e direito do organismo podem ser divididos ao longo da linha mediana em imagens espelhadas aproximadas".

— As classificações dos xamãs do México antigo — replicou dom Juan — eram mais profundas que as conclusões dos cientistas modernos, porque derivavam da percepção direta da energia como ela flui no universo. Quando o corpo humano é percebido como energia, fica absolutamente patente que ele é composto não de duas partes, mas de dois tipos diferentes de energia: duas correntes diferentes de energia, duas forças opostas e ao mesmo tempo complementares que coexistem lado a lado, espelhando dessa forma a estrutura dual de todas as coisas no universo como um todo.

Os xamãs do México antigo concediam a cada um desses dois tipos diferentes de energia a estatura de um corpo completo e falavam exclusivamente em termos do corpo esquerdo e do corpo direito. A ênfase deles era no corpo esquerdo, porque o consideravam o mais eficaz, em termos da natureza da sua configuração energética, para os objetivos definitivos da feitiçaria. Os feiticeiros do México antigo, que retrataram os dois corpos como correntes de energia, descreviam a corrente esquerda como mais turbulenta e agressiva, movendo-se em ondulações e projetando ondas de energia. Para ilustrar o que estava falando, dom Juan me pediu que visualizasse uma cena em que o corpo esquerdo era como metade do sol e que todos os raios solares aconteciam naquela metade. As ondas de energia projetadas do corpo esquerdo eram como esses raios solares, sempre perpendiculares à superfície arredondada da qual se originavam.

Ele descrevia a corrente de energia do corpo direito como não sendo, de modo algum, turbulenta na superfície. Movia-se como a água dentro de um tanque que estava sendo ligeiramente inclinado para a frente e para trás. Não havia ondulações nela, mas um contínuo movimento de balanço. Contudo, em um nível mais profundo, ela girava em círculos rotacionais na forma de espirais. Dom Juan me pedia que imaginasse um rio tropical muito largo e de aparência tranquila no qual a água na superfície parecia quase não se mover, mas que tinha correntezas destruidoras abaixo da superfície. No mundo da vida cotidiana, essas duas correntes estão amalgamadas em uma única unidade: o corpo humano como o conhecemos.

Entretanto, aos olhos do vidente, a energia do corpo como um todo é circular. Para os feiticeiros da linhagem de dom Juan, isso significava que o corpo direito era a força predominante.

— O que acontece no caso das pessoas canhotas? — perguntei-lhe um dia. — Elas são mais adequadas aos esforços dos feiticeiros?

— Por que você acha que seriam? — replicou ele aparentemente surpreso com a minha pergunta.

— Porque obviamente o lado esquerdo é predominante — disse eu.

— Para os feiticeiros, essa predominância não tem absolutamente nenhuma importância — disse ele. — Sim, o lado esquerdo predomina no sentido de que elas podem segurar um martelo com muita eficácia com a mão esquerda. Escrevem com a mão esquerda. Podem segurar uma faca com a mão esquerda, e o fazem muito bem. Se são dançarinas, certamente podem balançar o joelho esquerdo com grande ritmo. Em outras palavras, elas têm ritmo em seu corpo esquerdo, mas a feitiçaria não é uma questão dessa espécie de predominância. O corpo direito ainda as rege com um movimento circular.

— Mas o fato de ser canhoto tem alguma vantagem ou desvantagem para os feiticeiros? — perguntei. Eu estava me orientando pela implicação construída em muitas das linguagens indo-europeias sobre a qualidade sinistra de ser canhoto.

— Que eu saiba, não há nenhuma vantagem ou desvantagem — disse ele. — A divisão da energia entre os dois corpos não é mensurada por destreza ou por falta dela. A predominância do corpo direito é uma predominância energética que foi encontrada pelos xamãs dos tempos antigos. Em primeiro lugar, eles nunca tentaram explicar por que essa predominância acontecia nem tentaram investigar mais as implicações filosóficas disso. Para eles, era um fato, mas um fato muito especial. Era um fato que poderia ser mudado.

— Por que eles queriam mudá-lo, dom Juan? — perguntei.

— Porque o movimento circular predominante da energia do corpo direito é enfadonho demais! — exclamou ele. — Com certeza, aquele movimento circular toma conta de qualquer acontecimento do mundo diário, mas o faz circularmente, se você sabe o que quero dizer.

— Não sei o que você quer dizer, dom Juan.

— Todas as situações na vida são encontradas nessa forma circular — replicou ele fazendo um pequeno círculo com a mão. — Continuamente, continuamente, continuamente. É um movimento circular que parece extrair a energia interna e dar voltas e voltas com ela em um movimento centrípeto. Nessas condições, não há nenhuma expansão. Nada pode ser novo. Não há nada que não possa ser explicado internamente. Que tédio!

— De que forma essa situação pode ser mudada, dom Juan? — perguntei.

— É tarde demais para ser realmente mudada — respondeu ele. — O dano já está feito. A qualidade espiral está aqui para ficar. Mas isso não precisa ser contínuo. Sim, nós andamos da maneira como o fazemos, não podemos mudar isso, mas também gostaríamos de correr ou de andar para trás ou de subir em uma escada. Apenas andar e andar e andar e andar é muito útil, mas sem sentido. A contribuição do corpo esquerdo tornaria esses centros de vitalidade mais flexíveis. Se, apenas por um instante, eles pudessem ondular, em vez de movimentar-se em espirais, uma energia diferente entraria neles com resultados desconcertantes.

Eu compreendia o que ele estava dizendo em um nível além do pensamento, porque de fato não havia nenhuma forma pela qual eu pudesse compreender isso linearmente.

— A sensação que os seres humanos têm de estarem absolutamente entediados consigo mesmos — continuou ele — é devido a essa predominância do corpo direito. Em um sentido universal, a única coisa deixada para os seres humanos fazerem é encontrar maneiras de se livrarem do tédio. O que acabam fazendo é encontrar maneiras de matar o tempo: a única mercadoria da qual ninguém tem o suficiente. Mas o pior é a reação a essa distribuição desequilibrada de energia. As reações violentas das pessoas são em virtude dessa distribuição desequilibrada. Parece que de tempos em tempos a impotência cria correntes furiosas de energia dentro do corpo humano que explodem em comportamento violento. Para os seres humanos, a violência parece ser outra maneira de matar o tempo.

— Mas por que, dom Juan, os feiticeiros do México antigo nunca quiseram saber *por que* essa situação acontecia? — perguntei desnorteado. Eu achava fascinante o que estava sentindo com relação a esse movimento interno.

— Eles nunca tentaram descobrir — disse ele —, porque no instante em que formularam a pergunta souberam a resposta.

— Então eles sabiam a razão? — perguntei.

— Não, eles não sabiam a razão, mas sabiam como isso acontecia. Mas isso é outra história.

Ali ele me deixou em suspenso, mas, ao longo do curso da minha associação com ele, explicou essa aparente contradição.

— A percepção é a única avenida que os seres humanos têm para a evolução — disse-me ele certa vez —, e alguma coisa extrínseca a nós, algo que tem a ver com a condição predatória do universo, interrompeu nossa possibilidade de evoluirmos apossando-se da nossa percepção. Os seres humanos caíram vítimas de uma força predatória que, por sua própria conveniência, lhes impôs a passividade que é característica da energia do corpo direito.

Dom Juan descrevia a nossa possibilidade evolucionária como uma viagem que a nossa percepção faz através de algo que os xamãs do México antigo chamavam de o mar escuro da consciência: algo que eles consideravam uma verdadeira característica do universo, um elemento incomensurável que permeia o universo como nuvens de matéria ou luz.

Dom Juan estava convencido de que a predominância do corpo direito nessa fusão desequilibrada dos corpos direito e esquerdo marca a interrupção da nossa viagem de percepção. O que, para nós, parecia ser a dominância natural de um lado sobre o outro era, para os feiticeiros da sua linhagem, uma aberração que eles se esforçavam por corrigir.

Esses xamãs acreditavam que, para estabelecer uma divisão harmoniosa entre os corpos esquerdo e direito, os praticantes precisavam intensificar sua percepção. Entretanto, qualquer intensificação da percepção humana precisava ser reforçada pela mais exigente disciplina. De outro modo, essa intensificação, dolorosamente alcançada, transformar-se-ia em obsessão, resultando em qualquer coisa desde uma aberração psicológica até um dano energético.

Dom Juan chamava o conjunto de passes mágicos que lidam exclusivamente com a separação entre o corpo esquerdo e o corpo direito de o grupo do aquecimento: o elemento mais crucial no treinamento dos xamãs do México antigo. Esse foi um apelido dado a esse conjunto de passes mágicos porque ele torna a energia do corpo direito um pouco mais turbulenta. Dom Juan Matus costumava brincar com relação a esse fenômeno dizendo que os movimentos para o corpo esquerdo faziam uma enorme pressão no corpo direito que, desde o nascimento, tem estado acostumado a reger sem oposição. No momento em que ele enfrenta oposição, fica quente de raiva. Dom Juan recomendava com insistência a todos os seus discípulos que praticassem o grupo do aquecimento assiduamente, usando sua agressividade para reforçar o fraco corpo esquerdo.

Na Tensegridade, esse grupo é chamado de As Séries do Aquecimento para torná-lo mais congruente com os objetivos da Tensegridade, que são extremamente pragmáticos por um lado e extremamente abstratos por outro, tal como a utilização prática da energia para o bem-estar junto com a ideia abstrata de como essa energia é obtida. Em todos os passes mágicos desta série, é recomendado adotar a divisão de corpo esquerdo e corpo direito em vez de lado esquerdo e lado direito do corpo. O resultado final dessa observância seria dizer que, durante a execução dos passes mágicos, o corpo que não executa os movimentos é mantido imóvel. Entretanto todos os seus músculos devem estar envolvidos, não em atividade, mas em percepção. Essa imobilidade do corpo que não está executando os movimentos deve ser estendida para incluir a sua cabeça, isto é, o lado oposto da cabeça. Tal imobilidade de metade do rosto e da cabeça é muito difícil de obter, mas pode ser alcançada com a prática.

A série é dividida em quatro grupos.

O Primeiro Grupo: Despertar a Energia no Corpo Esquerdo e no Corpo Direito

O primeiro grupo é composto por 16 passes mágicos que despertam a energia do corpo esquerdo e do corpo direito, cada um independentemente do outro. Cada passe mágico é realizado tanto com o braço esquerdo quanto com o braço direito e, em alguns casos, com os dois ao mesmo tempo. Contudo os braços nunca vão além da linha vertical que separa os dois corpos.

1. Reunindo Energia da Frente dos Corpos Esquerdo e Direito em uma Bola e Rompendo-a com as Costas da Mão

Com a palma da mão ligeiramente curvada e virada para a direita, o braço esquerdo faz dois círculos para dentro em frente ao corpo (Fig. 213). Todos os músculos do braço são mantidos tensos enquanto esse movimento circular é executado. Depois as costas da mão golpeiam vigorosamente para a esquerda como se estivesse rompendo a parte de cima de uma bola reunida com o movimento do braço (Fig. 214).

Figura 213

Figura 214

A mão golpeia um ponto acima dos ombros, à distância de um braço do corpo, em um ângulo de 45°. Enquanto esse golpe está sendo executado, todos os músculos são mantidos tensos, incluindo os músculos dos braços, uma tensão que permite controlar o golpe. O impacto é sentido nas áreas do pâncreas e do baço, do rim e da glândula suprarrenal esquerda.

Os mesmos movimentos são repetidos no lado direito, e o impacto é sentido nas áreas do fígado, do rim e da glândula suprarrenal direita.

2. Reunindo a Energia dos Corpos Esquerdo e Direito em um Círculo que É Perfurado com as Pontas dos Dedos

O antebraço esquerdo é mantido em frente ao corpo, a um ângulo de 90° em relação a ele. O pulso é mantido reto. A palma da mão fica virada para a direita enquanto os dedos apontam para a frente. O polegar é mantido contraído. Como no passe mágico anterior, o antebraço circula duas vezes indo da esquerda para cima até o nível do ombro e virando em direção ao centro do corpo (Fig. 215). Depois o cotovelo é rapidamente puxado todo o caminho de volta, e o círculo desenhado pelo antebraço é perfurado pelas pontas dos dedos em um empurrão para a frente (Fig. 216). O cotovelo é movido mais uma vez para trás, para ganhar poder de golpear, e depois a mão se projeta novamente para a frente.

A mesma sequência de movimentos é realizada com o braço direito.

Figura 215

Figura 216

3. Suspendendo as Energias Esquerda e Direita

Os dois joelhos estão ligeiramente flexionados. Depois o joelho esquerdo é erguido, totalmente flexionado, até o nível do pâncreas, enquanto o pé é mantido com os dedos apontando para o chão. Ao mesmo tempo em que esse movimento é executado, o antebraço esquerdo se projeta para cima até alcançar um ponto a um ângulo de 45º com o corpo; o cotovelo é mantido apertado contra o corpo. A perna e o braço se movimentam em total sincronismo, sacudindo a seção mediana (Fig. 217).

Figura 217

Os mesmos movimentos são repetidos com a perna e o braço direito.

A tendência da energia é afundar e é de grande importância espalhá-la para cima para a seção mediana do corpo. Os xamãs acreditam que o corpo esquerdo é regido pela área do pâncreas e do baço, e o corpo direito, pela área do fígado e da vesícula biliar. Os xamãs entendem esse processo de suspender a energia como um esforço para energizar aqueles dois centros separadamente.

4. A Pressão para Cima e para Baixo

O cotovelo esquerdo é erguido em frente ao corpo, até o nível do ombro, dobrado a um ângulo de 90º com o antebraço. A mão é fechada em punho, e o pulso é dobrado em direção à direita o mais agudamente possível (Fig. 218). Usando o cotovelo como um eixo mantendo-o na mesma posição, o antebraço é dobrado para baixo até atingir a área bem em frente ao plexo solar (Fig. 219). Depois o antebraço retorna para a posição para cima.

O mesmo movimento é realizado com o braço direito.

Esse passe mágico é usado para despertar a energia que existe em um arco entre um ponto logo acima da cabeça e alinhado com o ombro esquerdo e um ponto logo abaixo do plexo solar.

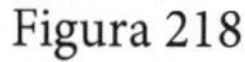

Figura 218

Figura 219

5. O Giro para Dentro

A primeira parte deste passe mágico é exatamente igual à primeira parte do anterior, mas, em vez de dobrar o antebraço para baixo, ele gira internamente fazendo um círculo completo, com o cotovelo em um ângulo de 45º com o corpo. A parte de cima do círculo fica em um ponto logo acima da orelha e alinhada com o ombro esquerdo. O pulso também gira enquanto o círculo é desenhado (Fig. 220).

O mesmo movimento é realizado com a mão direita.

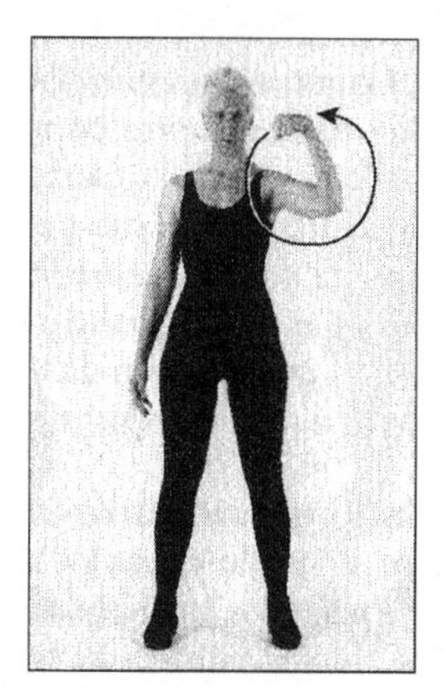

Figura 220

6. O Giro para Fora

Este passe mágico é quase idêntico ao precedente, exceto que, em vez de girar o antebraço esquerdo para a direita para fazer um círculo, ele gira para a esquerda (Fig. 221). Isso faz o que dom Juan chamava de círculo exterior em oposição ao círculo feito no passe mágico anterior, que ele chamava de círculo interior.

O mesmo movimento é executado com a mão direita.

Figura 221

Neste passe mágico, a energia despertada faz parte do arco de energia com o qual lidamos nos dois passes mágicos precedentes. Os quarto, quinto e sexto passes mágicos deste grupo são realizados juntos. Através de sua *visão*, os xamãs descobriram que os seres humanos têm enormes esconderijos de energia não utilizada depositados ao redor do interior de suas bolas luminosas. Dessa maneira, também descobriram que esses passes mágicos despertam a energia dispersada dos respectivos centros de vitalidade — ao redor do fígado e ao redor do pâncreas — que permanece suspensa uns instantes antes de começar a afundar para a parte de baixo da bola luminosa.

7. Um Empurrão Alto com os Punhos

Os braços são mantidos em frente ao corpo ao nível dos ombros. As mãos estão fechadas em punho com as palmas viradas em direção ao chão. Os cotovelos estão dobrados. A mão esquerda golpeia para a frente com um soco, sem recuar antes o cotovelo para ganhar força. A mão esquerda é recuada para a sua posição inicial; a mão direita segue com outro soco similar e depois é recuada para a sua posição original (Fig. 222). O golpe dos punhos vem da contração dos músculos dos braços, das omoplatas e do abdômen.

Figura 222

8. Um Empurrão Baixo com os Punhos

Os cotovelos são dobrados a um ângulo de 90° e mantidos ao nível da cintura. Eles não tocam o corpo; são mantidos de três a cinco centímetros distantes do corpo. As mãos estão fechadas em punho com as palmas viradas uma para a outra. O antebraço esquerdo se movimenta para golpear em soco, dirigido pelos músculos do estômago que se contraem ao mesmo tempo que os músculos do braço e da omoplata (Fig. 223). Após golpear, o antebraço é recuado instantaneamente, como se o soco gerasse a força para empurrar o braço de volta. O braço direito se movimenta da mesma forma imediatamente depois. Assim como no passe precedente, os cotovelos não se movem para trás para obter força para golpear; a força deriva-se unicamente da tensão muscular do abdômen, dos braços e das omoplatas.

Figura 223

9. Uma Roda com os Dedos Contraídos nas Juntas do Meio

Os cotovelos são mantidos ao nível da cintura sobre as áreas do pâncreas e do baço e do fígado e da vesícula biliar. Os pulsos são mantidos retos; as palmas das mãos viradas uma para a outra enquanto os dedos ficam firmemente fechados na segunda articulação. Os polegares ficam contraídos (Fig. 224). Os cotovelos se movimentam para a frente e distantes do corpo. A mão esquerda circula em um movimento vertical de raspar, como se as juntas dobradas estivessem raspando uma superfície em frente ao corpo. Depois a mão direita faz a mesma coisa. As duas mãos se movimentam dessa maneira alternadamente (Fig. 225). Os músculos do abdômen são mantidos o mais firme possível para dar ímpeto a esse movimento.

Figura 224

Figura 225

10. Alisando a Energia para Fora em Frente ao Corpo

A palma plana da mão esquerda, virada para a frente, é erguida a um nível logo acima da cabeça em frente ao corpo. A palma desliza para baixo em uma linha inclinada e chega ao nível do pâncreas e do baço, como se estivesse alisando uma superfície vertical. Sem parar ali, ela continua se movimentando até as costas. O corpo gira para a esquerda para permitir que o braço chegue totalmente sobre a cabeça. Depois, com a palma virada para baixo, a mão abaixa com grande força como se fosse bater em uma substância elástica em frente à área do pâncreas e do baço (Fig. 226).

Figura 226

Exatamente os mesmos movimentos são executados com o braço direito, mas usando a área do fígado e da vesícula biliar como o ponto para bater.

11. Golpeando a Energia em Frente ao Rosto com um Empurrão do Punho para Cima

O tronco gira ligeiramente para a esquerda para permitir ao braço esquerdo duas rotações plenas para trás, indo primeiro para a frente, passando por cima da cabeça e depois para as costas, onde a palma vira ligeiramente para dentro como se fosse escavar alguma coisa nas costas (Fig. 227). Na segunda volta, o movimento termina com um empurrão para cima, com a mão em punho, em frente ao rosto (Fig. 228).

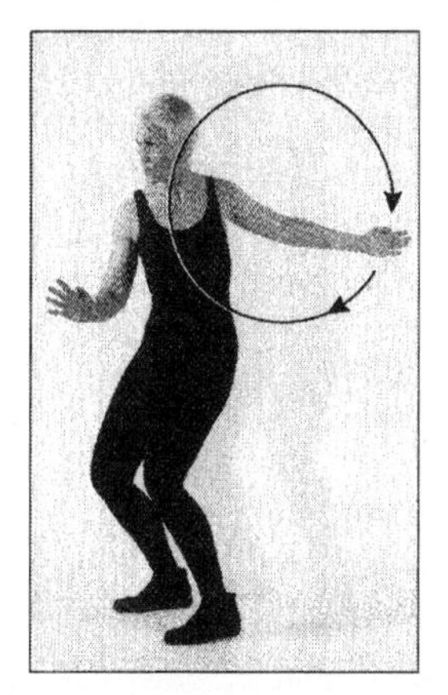

Figura 227

Figura 228

Este passe mágico é repetido com o braço direito exatamente na mesma sequência.

12. Martelando a Energia em Frente aos Corpos Esquerdo e Direito

Um círculo e meio é feito com o braço esquerdo, seguido de um golpe para baixo. O corpo gira ligeiramente para permitir ao braço esquerdo uma plena rotação começando da sua posição inicial ao lado da coxa até as costas, passando por cima da cabeça até a frente e novamente até o lado da coxa. Enquanto o círculo é feito, a palma gira no pulso como se a mão estivesse escavando alguma matéria viscosa (Fig. 229). Da sua posição inicial, o braço se movimenta novamente para as costas e acima da cabeça, onde a mão se fecha em punho e golpeia para baixo, com grande força, em um ponto em frente e acima do pâncreas e do baço, usando a borda macia da mão como um martelo como a superfície golpeante (Fig. 230).

Figura 229

Figura 230

Os mesmos movimentos são repetidos com o braço direito.

13. Desenhando Dois Círculos de Energia para o Lado de Fora e Destruindo-os Perto do Umbigo

Ao mesmo tempo, os dois braços se movem para cima em frente ao corpo, para o lado de fora e ao redor das laterais, como em uma braçada de nadador, para desenhar dois círculos aparentando asas em ângulos de 45° com a frente do corpo (Fig. 231). Depois os círculos são rompidos na parte de baixo, ao nível do umbigo, com um vigoroso golpe de ambas as mãos. As mãos estão dobradas a um ângulo de 90° em relação aos antebraços, com os dedos apontando para a frente. A força do golpe faz as palmas das mãos se juntarem a poucos centímetros uma da outra (Fig. 232).

Figura 231

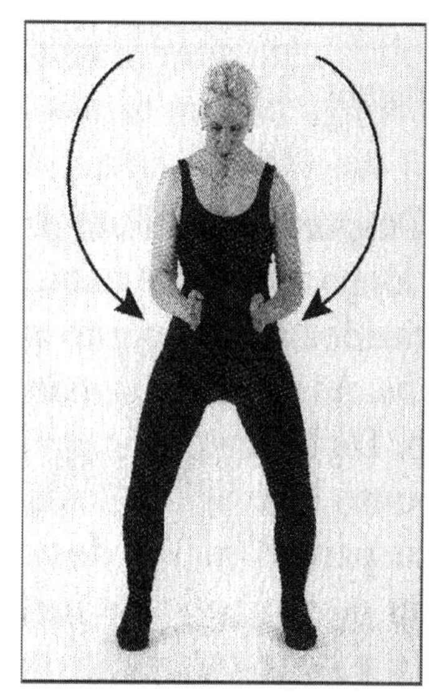

Figura 232

14. Desenhando Dois Círculos de Energia Lateralmente com os Dedos Indicador e Médio Estendidos

Os dedos indicador e médio de ambas as mãos estão completamente estendidos, enquanto os terceiros e quartos dedos são mantidos pelos polegares contra as palmas.

De suas posições normais nas laterais, os braços circulam ao mesmo tempo para cima da cabeça e depois lateralmente em ângulos de 45° em direção às costas (Fig. 233). Quando o círculo completo está quase terminado, os dedos se contraem em punho, deixando a segunda junta dos dedos médios projetada. O movimento termina quando os punhos, com as palmas viradas para o corpo, golpeiam para a frente e para cima até o nível do queixo (Fig. 234).

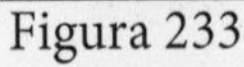
Figura 233

Figura 234

15. Despertando a Energia ao Redor das Têmporas

Uma longa inalação é feita. Uma exalação começa enquanto os braços são trazidos até um ponto acima da cabeça, onde eles são fechados em punhos. As palmas das mãos em punho estão viradas para a frente do corpo. De lá elas golpeiam para baixo, com as costas dos punhos, até um ponto logo acima dos quadris (Fig. 235). As mãos em punho movem-se para as laterais do corpo, desenhando semicírculos laterais que trazem os punhos para uma área a poucos centímetros da frente da testa e a 12 ou 15 centímetros de distância um do outro. As palmas em punho estão viradas para fora (Fig. 236). Enquanto a exalação ainda permanece, os punhos são trazidos para repousarem por um instante nas têmporas. O corpo se inclina um pouco para trás dobrando-se ligeiramente nos joelhos para obter elasticidade e impulso e, depois, os braços são trazidos vigorosamente para baixo, sem endireitar os cotovelos, para golpear nos dois lados atrás do corpo com as costas das mãos em punho (Fig. 237). A exalação termina ali.

Figura 235

Figura 236

Figura 237

16. Projetando um Pequeno Círculo de Energia para Fora em Frente ao Corpo

Da sua posição natural ao lado da coxa, o braço esquerdo se move para fora lateralmente com a palma da mão virada para a direita. Ele desenha um pequeno círculo enquanto a palma gira para baixo, vem para a área do pâncreas e do baço e continua se movimentando para a esquerda até o nível da cintura. O cotovelo se projeta agudamente (Fig. 238a); a mão se fecha em punho. A palma da mão em punho fica virada para o chão. O punho avança com um golpe curto para a frente, como se fosse perfurar o círculo que desenhou (Fig. 238b). O movimento é contínuo; ele não é interrompido quando a mão se fecha em punho e só para quando o soco tiver sido desferido. O golpe proporciona um intenso solavanco no centro de vitalidade localizado ao redor do pâncreas e do baço. O mesmo movimento é executado com a mão direita, cujo golpe sacode o fígado e a vesícula biliar.

Figura 238a

Figura 238b

O Segundo Grupo: Combinar a Energia do Corpo Esquerdo com a do Corpo Direito

O segundo grupo consiste em 14 passes mágicos que combinam a energia dos dois corpos nos seus respectivos centros de vitalidade. Os xamãs do México antigo acreditavam que a energia combinada dessa forma torna possível separar a energia dos dois corpos mais facilmente derramando neles uma energia alheia, um processo que eles descreviam como exacerbar os centros de vitalidade.

17. Agrupando a Energia Necessária e Dispersando a Energia Desnecessária

Este passe mágico envolve movimentos que poderiam ser mais bem descritos como empurrando alguma coisa sólida cruzando a frente do corpo com a palma da mão e arrastando-a de volta cruzando a frente do corpo com as costas da mão.

Inicia com o braço esquerdo mantido próximo ao corpo, perto da cintura, com o antebraço dobrado a um ângulo de 90°. Quando o movimento começa, o antebraço é trazido mais para perto do corpo, e a mão é dobrada para trás no pulso. A palma da mão esquerda fica virada para a direita com o polegar contraído. Depois, como se uma grande força estivesse lhe fazendo oposição, o antebraço atravessa o corpo até a extrema direita, sem que o cotovelo perca o seu ângulo de 90° (Fig. 239). De lá, novamente como se uma grande força estivesse lhe fazendo oposição, a mão é arrastada o mais para a esquerda que puder alcançar sem perder o ângulo de 90° do cotovelo, ainda com a palma virada para a direita (Fig. 240).

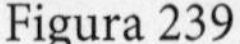

Figura 239

Figura 240

Durante toda essa sequência de movimentos, os músculos do corpo esquerdo ficam contraídos ao máximo, e o braço direito é mantido imóvel contra a perna direita.

A mesma sequência de movimentos é repetida com o braço e a mão direita.

18. Amontoando Energia nos Corpos Esquerdo e Direito

O peso é colocado na perna direita. O joelho fica ligeiramente flexionado para dar apoio e equilíbrio. A perna e o braço esquerdo, que são mantidos semitensos, deslizam ao mesmo tempo para a frente do corpo em um arco da esquerda para a direita. O pé e a mão esquerda terminam em uma posição logo à direita do corpo. A borda externa do pé esquerdo toca o chão. Enquanto estão deslizando, as pontas dos dedos da mão esquerda apontam para baixo (Fig. 241). Depois a perna e o braço esquerdo retornam às suas posições originais.

Figura 241

Exatamente a mesma sequência é repetida deslizando a perna e o braço direito para a esquerda.

19. Reunindo a Energia com um Braço e Golpeando-a com o Outro

Dom Juan dizia que com este passe mágico a energia era despertada e reunida com o movimento de um braço e era golpeada com o movimento do braço oposto. Ele acreditava que golpear com uma mão a energia que tinha sido reunida pela outra mão permitia a entrada da energia em um corpo vinda de fontes pertencentes ao outro corpo, algo que nunca era feito sob condições normais.

O braço esquerdo se levanta até o nível dos olhos. O pulso fica ligeiramente dobrado para trás. Nessa posição, indo da esquerda para a direita e novamente para trás, a mão desenha a figura de uma oval de cerca de 45 centímetros de largura e com o comprimento da largura do corpo (Fig. 242). Depois, com a palma virada para baixo, a mão cruza, ao nível do olho, da esquerda para a direita como se estivesse cortando, com as pontas dos dedos, através da figura que desenhou (Fig. 243).

No momento em que a mão esquerda alcança o nível do ombro direito, a mão direita, que é mantida ao nível da cintura com a palma em concha virada para cima, projeta-se para a frente, golpeando com a parte de trás da mão, para atingir o local no meio da oval desenhada pela mão esquerda, enquanto a mão esquerda é abaixada lentamente (Fig. 244). Enquanto golpeia, a palma da mão direita está virada para a frente, e os dedos estão ligeiramente curvados permitindo, dessa forma, o contorno necessário da palma para golpear uma superfície redonda. O golpe termina com o cotovelo ligeiramente dobrado para evitar estender demais os tendões.

Os mesmos movimentos são realizados começando com o braço direito.

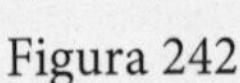

Figura 242 Figura 243 Figura 244

20. Reunindo Energia com os Braços e as Pernas

O corpo gira ligeiramente para a direita na protuberância arredondada do pé; a perna esquerda projeta-se a um ângulo de 45° com o joelho dobrado para dar ao corpo uma inclinação para a frente. O corpo balança três vezes como se para ganhar impulso. Depois o braço esquerdo escava para baixo como se fosse agarrar alguma coisa ao nível do joelho esquerdo (Fig. 245). O corpo se inclina para trás e, com aquele impulso, a parte inferior da perna esquerda, do joelho para baixo, é trazida para perto da virilha, quase tocando-a com o calcanhar, e a mão esquerda esfrega rapidamente a área vital do fígado e da vesícula biliar à direita (Fig. 246).

Figura 245

Figura 246

A mesma sequência de movimentos é repetida com a perna e o braço direito, que traz a energia reunida para o centro de vitalidade localizado ao redor do pâncreas e do baço à esquerda.

21. Movendo a Energia dos Ombros Esquerdo e Direito

De sua posição natural pendendo ao lado da coxa esquerda, o braço esquerdo se move até o ombro direito, onde agarra alguma coisa, e a mão se fecha em punho. Esse movimento é impulsionado por um giro agudo da cintura para a direita. Os joelhos estão ligeiramente flexionados para permitir o movimento giratório. O cotovelo agudamente dobrado não pode perder a firmeza e é mantido ao nível dos ombros (Fig. 247). Impulsionado pela cintura voltando à sua posição normal, o pulso é então movido para longe do ombro direito em um arco para cima, golpeando com as costas da mão um ponto ligeiramente acima da cabeça e alinhado com o ombro esquerdo (Fig. 248). Ali a mão se abre como se para deixar cair alguma coisa mantida pelo punho.

A mesma sequência de movimentos é repetida com o braço direito.

Figura 247

Figura 248

22. Reunindo a Energia de um Corpo e Dispersando-a no Outro

Começando da sua posição natural ao lado da coxa esquerda, o braço esquerdo desenha um arco da esquerda para a direita, cruzando em frente ao púbis até atingir a extrema direita. Esse movimento é auxiliado por um ligeiro giro da cintura. De lá o braço continua a se mover em um círculo acima da cabeça até a altura e o nível do ombro esquerdo. Depois ele cruza até o nível do ombro direito. Lá a mão se fecha em punho como se estivesse agarrando alguma coisa, com a palma para baixo (Fig. 249). A seguir o punho golpeia um ponto à altura da cabeça, a um braço de distância dela. O golpe é dado com a borda macia da mão, usando a mão como se fosse um martelo. O braço fica completamente estendido, mas ligeiramente curvado no cotovelo (Fig. 250).

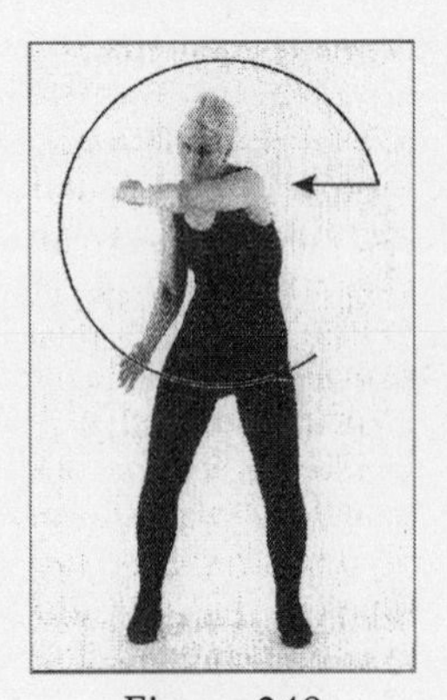
Figura 249

Figura 250

Os mesmos movimentos são repetidos com o braço direito.

23. Martelando a Energia do Ombro Esquerdo e do Ombro Direito no Ponto Mediano em Frente ao Rosto

O braço esquerdo é erguido acima da cabeça. O cotovelo é dobrado a um ângulo de 90º. Lá a mão se fecha em punho com a palma virada para cima. Depois ela golpeia da esquerda, com a borda macia da mão, a linha divisória dos corpos esquerdo e direito em frente ao rosto. O corpo se inclina ligeiramente para a esquerda enquanto esse golpe é dado (Fig. 251). A mão em punho continua se movendo até quase tocar o ombro direito. Lá a palma vira para baixo. Depois desfere um golpe similar, desta vez da direita; o corpo se inclina para a direita (Fig. 252).

Essa mesma sequência de movimentos é repetida com o braço direito.

Através desse passe mágico, pode ser construído um reservatório de energia neutra, isto é, energia que pode ser usada facilmente tanto pelo corpo esquerdo quanto pelo corpo direito.

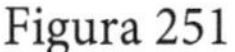

Figura 251

Figura 252

24. Um Golpe com a Mão em Punho na Segunda Articulação

Ambos os braços são erguidos até o nível do pescoço, com os cotovelos mantidos em ângulos de 90º. As mãos são mantidas com os dedos dobrados na segunda articulação e firmemente apertados contra as palmas (Figs. 253 e 254). Dessa posição a mão esquerda golpeia. O golpe é um giro vigoroso feito para a direita, cruzando a linha do ombro direito, mas sem mover muito o braço. O braço é direcionado por um vigoroso giro da cintura para a direita (Fig. 255).

O braço direito se move da mesma forma além da linha do ombro esquerdo, orientado por um giro instantâneo da cintura para a esquerda.

Figura 253 Figura 254 Figura 255

25. Agarrando a Energia dos Ombros e Destruindo-a nos Centros de Vitalidade

O braço esquerdo se move para o ombro direito, e a mão se fecha em punho como se estivesse agarrando alguma coisa (Fig. 256). O cotovelo é mantido dobrado a um ângulo de 90º. Depois o punho é vigorosamente trazido de volta para o lado esquerdo perto da cintura (Fig. 257). Permanece ali por um instante para ganhar impulso e depois projeta-se cruzando o corpo para a direita, com a palma em punho virada para o corpo, para golpear através de um ponto perto da área do fígado e da vesícula biliar (Fig. 258).

Figura 256

Figura 257

Figura 258

O mesmo movimento é repetido com o braço direito, que golpeia cruzando a área do pâncreas e do baço.

26. Empurrando a Energia para os Lados com os Cotovelos

Os dois braços são trazidos até o nível dos ombros com os cotovelos agudamente dobrados e bem projetados para fora. Os pulsos são cruzados formando a letra X, com o antebraço esquerdo em cima do direito. As mãos, fechadas em punhos, tocam os músculos peitorais nas bordas das axilas; o punho esquerdo toca a borda da axila direita e o punho direito, a borda da axila esquerda (Fig. 259). Depois os cotovelos são trazidos vigorosamente para os lados em linha com os ombros, como se para dar uma cotovelada para os lados (Fig. 260).

Esse movimento é repetido com o braço direito em cima do esquerdo.

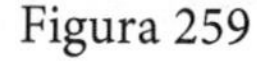

Figura 259

Figura 260

27. Desenhando Dois Círculos de Energia para Dentro em Frente ao Corpo e Esmagando-os para os Lados

Enquanto uma profunda inalação é feita, os braços circulam ao mesmo tempo de sua posição natural ao lado das coxas até a linha que separa os corpos esquerdo e direito. Esse movimento termina com os antebraços cruzados sobre o peito. Os dedos são mantidos firmemente juntos, apontando para cima, com os polegares contraídos. Os pulsos estão dobrados em ângulos de 90º. O braço esquerdo está em cima do direito. O polegar contraído da mão esquerda toca o músculo peitoral do corpo direito, e o polegar contraído da mão direita toca o músculo peitoral do corpo esquerdo (Fig. 261). A inalação termina ali. Uma rápida exalação é feita enquanto os braços são estendidos vigorosamente com as mãos fechadas em punhos, cada uma delas golpeando com as costas da mão um ponto nos respectivos lados acima da cabeça (Fig. 262).

Os mesmos movimentos são repetidos com o braço direito em cima do esquerdo.

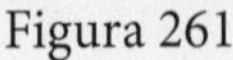

Figura 261

Figura 262

28. Golpeando a Energia na Frente do Corpo e na Esquerda e na Direita com os Dois Punhos

As mãos são fechadas em punhos ao nível da cintura. As palmas dos punhos ficam viradas uma para a outra. Ambas as mãos são erguidas até o nível dos olhos e golpeiam vigorosamente para baixo, ao mesmo tempo, em dois pontos em frente à virilha; elas golpeiam o alvo com a parte macia dos punhos (Fig. 263). Dali os braços giram ao mesmo tempo fazendo um arco para cima e para a esquerda enquanto todo o tronco se inclina em direção à esquerda seguindo o impulso dos braços. Os punhos golpeiam com as juntas (Fig. 264). Os punhos retornam para desferirem outro golpe nos mesmos pontos em frente à virilha. De lá os braços giram ao mesmo tempo fazendo um arco para cima e para a direita enquanto todo o tronco se inclina em direção à direita seguindo o impulso dos braços. Os punhos golpeiam com as juntas. Os punhos se movem mais uma vez para desferirem um golpe, com a borda macia das mãos, nos mesmos dois pontos em frente à virilha.

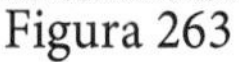

Figura 263

Figura 264

29. Golpeando a Energia em Frente ao Corpo e na Esquerda e na Direita com os Dois Punhos

O início deste passe mágico é exatamente igual ao do precedente (Fig. 265). Uma vez que o golpe estiver terminado, os dois braços são erguidos como martelos até o nível da cabeça, e o tronco gira agudamente para a esquerda. Os dois punhos golpeiam dois pontos em frente do quadril esquerdo (Fig. 266). Os braços se erguem novamente até a altura da cabeça. As palmas são abertas e descem para golpear os mesmos dois pontos (Fig. 267). Os braços são erguidos novamente até o nível da cabeça. As mãos se fecham em punhos para golpear os mesmos pontos novamente. Os antebraços são erguidos até o nível da cabeça, o corpo vira para a frente, e os punhos abaixam vigorosamente para atingir os mesmos pontos da virilha.

A mesma sequência de movimentos é repetida com o tronco virado agudamente para a direita.

Figura 265

Figura 266

Figura 267

30. Destruindo a Energia com os Pulsos Acima da Cabeça e na Esquerda e na Direita

As duas mãos são erguidas acima da cabeça com os pulsos se tocando e as palmas curvadas como se estivessem segurando uma bola (Fig. 268). Depois o tronco vira para a esquerda enquanto ambos os braços se movem agudamente para a esquerda da cintura sem desgrudar os pulsos, que giram um sobre o outro para acomodar a nova posição das mãos. A palma da mão esquerda virada para cima, e a da mão direita virada para baixo (Fig. 269). Os dois braços são movidos novamente até o ponto acima da cabeça, ainda sem desgrudar os pulsos, que giram para adotar sua posição inicial.

A mesma sequência de movimentos é realizada trazendo as mãos agudamente até um ponto na direita da cintura. O movimento termina trazendo as mãos da volta à sua posição inicial acima da cabeça.

Figura 268

Figura 269

O Terceiro Grupo: Movimentar a Energia do Corpo Esquerdo e do Corpo Direito com a Respiração

O terceiro grupo consiste em nove passes mágicos que empregam inalações e exalações como a sua força motriz para separar ou juntar mais os dois corpos. Na visão dos feiticeiros da linhagem do dom Juan, como já foi dito, colocar a energia vinda de um corpo em qualquer centro vital do outro corpo cria uma agitação momentânea muito desejável naquele centro. De acordo com o que dom Juan ensinava, os feiticeiros do México antigo consideravam essa mistura extremamente benéfica, porque rompe o impulso fixo e rotineiro desses centros. Os feiticeiros achavam que a respiração é uma questão-chave na separação do corpo esquerdo e do corpo direito.

31. A Respiração para a Parte Superior dos Pulmões

Os braços, com as mãos fechadas em punhos, são erguidos até a testa com uma profunda inalação; as palmas das mãos em punho estão viradas para baixo. Quando a inalação termina, os punhos estão de sete a dez centímetros de distância um do outro, bem em frente à testa (Fig. 270). Uma exalação é feita enquanto os braços se estendem vigorosamente até dois pontos laterais nivelados com os ombros (Fig. 271). As mãos relaxam e se abrem. Os pulsos cruzam em frente à cabeça e uma profunda inalação é feita enquanto os braços fazem dois grandes círculos, do comprimento dos braços, indo da frente, passando por cima da cabeça, até as laterais. A inalação termina quando as mãos vêm repousar perto da cintura com as palmas levantadas (Fig. 272). Depois uma lenta exalação é feita enquanto as mãos são erguidas ao longo das bordas da caixa torácica até o nível das axilas. A exalação termina enquanto os ombros são empurrados para cima como se a força das mãos os estivessem fazendo subir (Fig. 273).

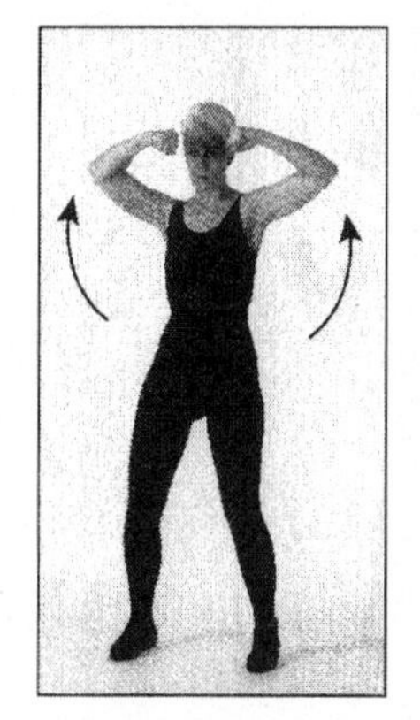

Figura 270

Figura 271

Figura 272

Figura 273

Essa respiração é um verdadeiro benefício porque permite a mobilização da parte superior dos pulmões, uma coisa que quase nunca acontece sob condições normais.

32. Oferecendo a Respiração

Enquanto uma profunda inalação é feita, o braço esquerdo desenha um círculo. Ele se move da frente até acima da cabeça, até as costas e até a frente novamente. Enquanto o braço gira, o tronco vira para a esquerda para permitir que o braço se mova em um círculo completo. A inalação termina quando o círculo está completo. A palma da mão é mantida ao nível do queixo, virada para cima, e o pulso fica dobrado a um ângulo de 90°. A postura do praticante é aquela de uma pessoa que está oferecendo alguma coisa que está na palma da mão. O tronco fica inclinado para a frente (Fig. 274). Depois a palma da mão é virada para baixo e começa uma exalação enquanto o braço abaixa lenta e vigorosamente (Fig. 275) para repousar no lado esquerdo perto da coxa. A palma ainda está virada para baixo, e as costas da mão mantêm o ângulo de 90° em relação ao antebraço.

A mesma sequência de movimentos é executada com o braço direito.

Figura 274

Figura 275

33. Movendo a Energia com a Respiração do Alto da Cabeça para os Centros Vitais

Os pulsos das duas mãos ficam ligeiramente dobrados; as palmas ficam semicurvadas. Com as mãos nessa posição, as pontas dos dedos esfregam para cima ao longo da frente do corpo e acima da cabeça enquanto uma profunda inalação é feita (Fig. 276). Quando os braços atingem sua extensão plena acima da cabeça, as mãos são endireitadas e os pulsos voltam para um ângulo de 90°. A inalação termina ali. Enquanto as mãos são abaixadas, o ar é mantido e o dedo indicador de cada mão é erguido; os outros dedos são mantidos contra a palma, dobrados na segunda articulação, e os polegares ficam contraídos. Os dois braços são recuados para o nível do peito, com as costas das mãos contra as axilas.

Depois começa uma profunda exalação enquanto os braços são lentamente estendidos retos para a frente até que os cotovelos fiquem delicadamente contraídos. Uma profunda inalação é feita enquanto as mãos são recuadas novamente para a posição contra as axilas, ainda com os dedos indicadores erguidos, os pulsos dobrados para trás e as palmas viradas para a frente. Uma lenta exalação começa enquanto as mãos se movem para cima em um círculo que primeiro alcança acima da cabeça e depois continua para baixo, fazendo um círculo completo para a frente sem modificar a posição dos dedos indicadores. As mãos vêm repousar perto das laterais da caixa torácica (Fig. 277). A exalação termina enquanto as mãos são empurradas para baixo até os lados dos quadris.

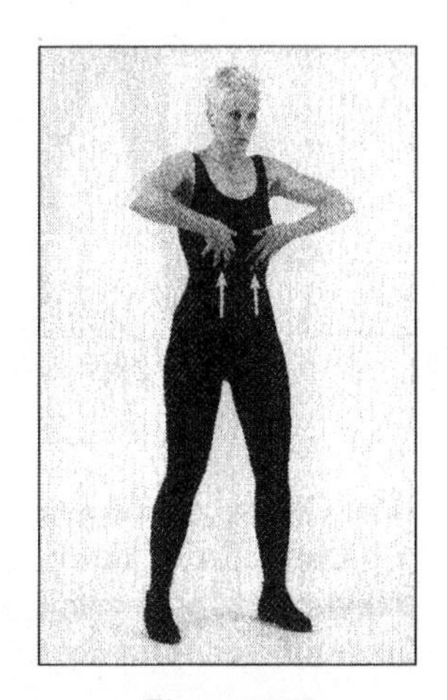

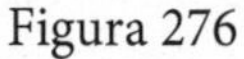

Figura 276

Figura 277

34. Estilhaçando a Energia com a Respiração

Enquanto uma profunda inalação é feita, o braço esquerdo se move em um amplo círculo lateral, saindo da frente, passando por cima da cabeça e indo até as costas. O tronco gira para a esquerda para facilitar a plena rotação do braço. A inalação termina quando o braço fez um giro completo e para em um local ao lado e acima da cabeça. A palma da mão está virada para a frente, e o pulso está ligeiramente virado para trás (Fig. 278). Depois uma lenta exalação começa enquanto o braço faz um outro amplo círculo lateral na direção oposta, indo da frente por baixo até as costas, depois acima da cabeça e para a frente novamente. Quando o círculo está completo, o braço é trazido até um ponto bem em frente do ombro direito enquanto a exalação continua. A palma está virada para o corpo e toca suavemente o ombro direito (Fig. 279). Depois o braço se projeta lateralmente com a mão fechada em punho e golpeia com as costas da mão um ponto a um braço de distância do ombro esquerdo à altura da cabeça. A exalação termina ali (Fig. 280).

A mesma sequência de movimentos é repetida com o braço direito.

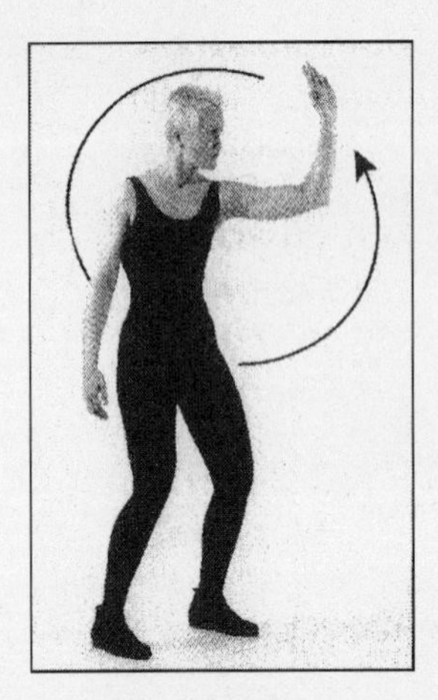

Figura 278

Figura 279

Figura 280

35. A Respiração de Macaco

Os joelhos ficam ligeiramente dobrados. Os braços são erguidos lentamente acima da cabeça enquanto a parte superior dos pulmões se enche de ar. Depois os joelhos se contraem e o corpo é completamente estendido para cima. Essa respiração pode ser feita tanto com os calcanhares quanto com as pontas dos dedos no chão.

A inalação é mantida enquanto os braços se abaixam e o corpo se inclina ligeiramente para a frente contraindo o diafragma; os joelhos ficam novamente dobrados. A exalação começa quando as mãos atingem o nível da cintura. Ao mesmo tempo os dedos indicadores são estendidos e apontam para o chão; os outros dedos ficam contraídos sobre as palmas das mãos. As mãos continuam se abaixando enquanto todo o ar é exalado (Fig. 281). Ao exalar, o diafragma é mantido firme para evitar empurrá-lo para baixo com o ar exalado.

Figura 281

36. A Respiração de Altitude

As pernas são mantidas o mais retas possível. Uma inalação começa enquanto os ombros giram lentamente da frente para as costas com os braços dobrados nos cotovelos. Quando a rotação e a inalação terminam, os braços são mantidos na posição inicial (Fig. 282). A exalação começa erguendo as mãos até o nível dos ombros e estendendo os braços o mais para a frente possível com as palmas viradas para o chão.

A seguir uma inalação é feita enquanto as palmas das mãos são viradas para cima. Os cotovelos são dobrados e puxados todo o caminho de volta, e os ombros são erguidos. A inalação termina com a extensão máxima dos ombros para cima (Fig. 283).

Uma exalação é feita enquanto as palmas são viradas para o chão e as mãos e os ombros são empurrados para baixo. As mãos estão dobradas para trás nos pulsos o máximo possível e os braços são mantidos retos nas laterais do corpo.

Figura 282

Figura 283

37. A Respiração Lateral

Enquanto uma inalação começa, os braços se movem da sua posição natural perto dos lados das coxas em um círculo em direção ao centro do corpo, terminando com os braços cruzados; as palmas viradas para fora e os pulsos completamente dobrados para que as pontas dos dedos apontem para cima (Fig. 284). A inalação continua enquanto os dois braços são empurrados para fora lateralmente. Enquanto os braços se movem, as palmas das mãos primeiro estão viradas para a frente; quando o movimento termina, elas ficam viradas uma para a outra. A inalação termina na extensão máxima dos braços. O corpo é mantido tão ereto quanto possível (Fig. 285).

Uma exalação é feita dobrando os braços nos cotovelos enquanto as palmas das mãos, com as pontas dos dedos erguidas, vêm em direção ao centro do corpo, passam por ele e se cruzam para terminar nas bordas opostas do corpo. O antebraço esquerdo fica em cima do direito. O corpo fica contraído na seção mediana, e os joelhos ficam flexionados (Fig. 286).

Figura 284

Figura 285

Figura 286

38. A Respiração de Borboleta

Os braços são dobrados nos cotovelos e mantidos em frente ao peito. O antebraço esquerdo é mantido acima do direito sem tocá-lo; os pulsos ficam retos, e as mãos fechadas em punhos. Os joelhos ficam dobrados, e o corpo se inclina marcadamente para a frente (Fig. 287). Enquanto uma inalação começa, os braços se separam e se elevam por cima da cabeça e para a esquerda e a direita. Enquanto a inalação continua, os braços se endireitam enquanto circulam indo para baixo, para os lados e ao redor dos ombros, e voltam para a sua posição inicial sobre o peito. Mantendo a posição, os braços são erguidos sobre a cabeça enquanto a respiração é mantida e o corpo se endireita na cintura (Fig. 288). Depois os braços são abaixados até o nível da região umbilical enquanto o corpo volta para a posição inicial inclinada para a frente com os joelhos flexionados.

Mantendo firmemente essa posição inclinada para a frente, uma exalação é feita repetindo os mesmos movimentos dos braços feitos para a inalação. Enquanto o ar é expelido, o diafragma é mantido em posição firme.

Figura 287

Figura 288

39. Respirando Através dos Cotovelos

No início desse movimento as pernas são mantidas retas. Enquanto uma profunda inalação é feita, os braços fazem círculos para fora acima da cabeça e ao redor dos lados do corpo. A inalação termina com os braços apontando retos para a frente, com os cotovelos dobrados, ao nível da cintura. As palmas são mantidas retas e viradas uma para a outra; os dedos ficam juntos.

Uma exalação começa enquanto as mãos apontam para o chão a um ângulo de 45°. Os joelhos ficam flexionados, e o corpo se inclina para a frente (Fig. 289). A exalação continua enquanto os braços, dobrados nos cotovelos em um ângulo de 90°, são erguidos sobre a cabeça. O corpo se endireita e se inclina ligeiramente para trás. Isso é conseguido flexionando os joelhos em vez de arquear as costas. A exalação termina com os músculos abdominais tensos ao máximo; a cabeça fica ligeiramente inclinada para trás (Fig. 290).

Praticar essa respiração cria a sensação de que o ar está sendo expelido através dos cotovelos.

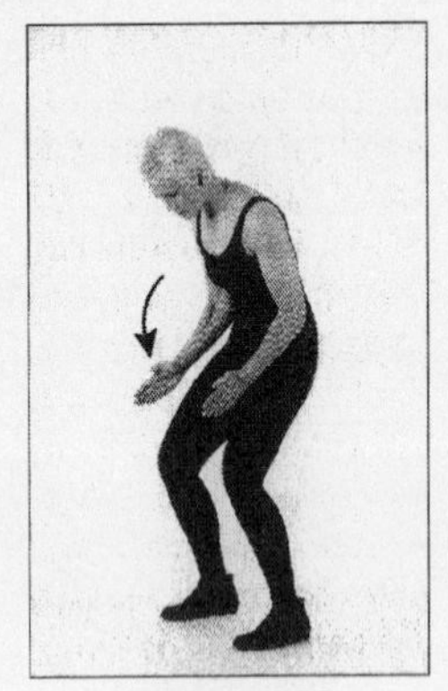

Figura 289

Figura 290

O Quarto Grupo: A Predileção do Corpo Esquerdo e do Corpo Direito

Este grupo é composto de cinco passes mágicos para o corpo esquerdo, executados em sequência e três passes mágicos para o corpo direito. De acordo com dom Juan Matus, a predileção do corpo esquerdo é o silêncio, enquanto a predileção do corpo direito é a tagarelice, o barulho e a ordem sequencial. Ele dizia que é o corpo direito que nos força a marcharmos porque gosta de paradas e fica ainda mais encantado com coreografias, sequências e organizações que envolvem classificação por tamanho.

Dom Juan recomendava que a realização de cada movimento dos passes mágicos para a direita fosse repetido muitas vezes, enquanto os praticantes contam, e dizia que é muito importante estabelecer com antecedência o número de vezes que qualquer movimento determinado vai ser repetido, porque previsão é o ponto forte do corpo direito. Se os praticantes estabelecem qualquer número com antecedência e o realizam, o prazer do corpo direito é indescritível.

Na prática de Tensegridade, entretanto, tanto os passes mágicos para o corpo esquerdo quanto os passes mágicos para o corpo direito são realizados em completo silêncio. Se o silêncio do corpo esquerdo puder ser sobreposto ao corpo direito, o ato de saturação pode se tornar um caminho direto para entrar no que dom Juan chamava de o estado mais cobiçado pelos xamãs de todas as gerações: o silêncio interior.

OS CINCO PASSES MÁGICOS PARA O CORPO ESQUERDO

Os passes mágicos para o corpo esquerdo não têm nomes individuais. Dom Juan dizia que os xamãs do México antigo os chamavam apenas de passes mágicos para o corpo esquerdo.

O primeiro passe mágico é composto de 15 movimentos breves cuidadosamente executados. Uma vez que os passes mágicos para o corpo esquerdo são feitos em sequência, eles serão numerados sequencialmente.

1. O braço esquerdo se movimenta lateralmente até cerca de trinta centímetros de distância da sua posição natural perto da coxa (Fig. 291).

2. A palma é virada agudamente para a frente enquanto o cotovelo é ligeiramente dobrado (Fig. 292).

3. A mão é erguida até o nível do umbigo e atravessa para a direita (Fig. 293).

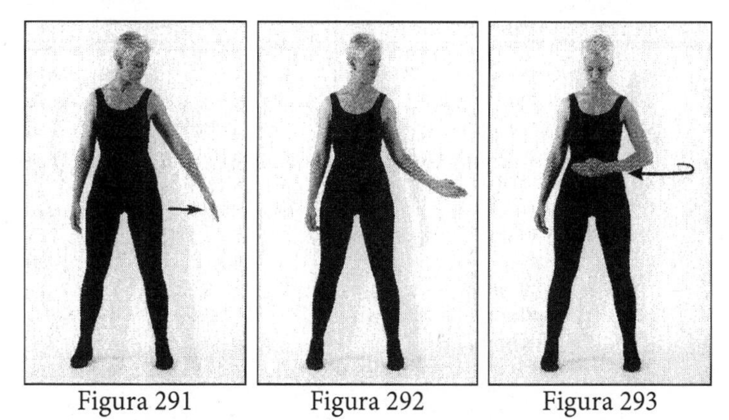

Figura 291 Figura 292 Figura 293

4. A mão é girada agudamente até a palma ficar virada para baixo (Fig. 294).

5. A mão atravessa da direita para a esquerda com a palma virada para baixo (Fig. 295).

6. O pulso vira agudamente para a direita; a mão fica encurvada como se para escavar alguma coisa, e o movimento do pulso a faz mover-se para cima com um solavanco (Fig. 296).

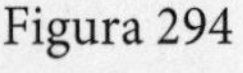

Figura 294

Figura 295

Figura 296

7. O braço é erguido em um arco, em frente da linha que divide os dois corpos, até o nível dos olhos, a trinta centímetros de distância deles, com a palma da mão virada para a esquerda.

Figura 297

Figura 298

Figura 299

8. O pulso gira fazendo a mão ficar virada para a frente.

9. O braço vai acima da cabeça, desenha um círculo lateral e retorna à mesma posição em frente aos olhos com a palma da mão virada para a esquerda (Fig. 299).

10. O pulso se movimenta novamente para fazer a palma da mão ficar virada para a frente (Fig. 300).

Figura 300

Figura 301

Figura 302

11. A mão se move para baixo em direção à esquerda, em uma ligeira curva, até o nível dos ombros com a palma virada para o chão.

12. O pulso é girado para que a palma fique virada para cima.

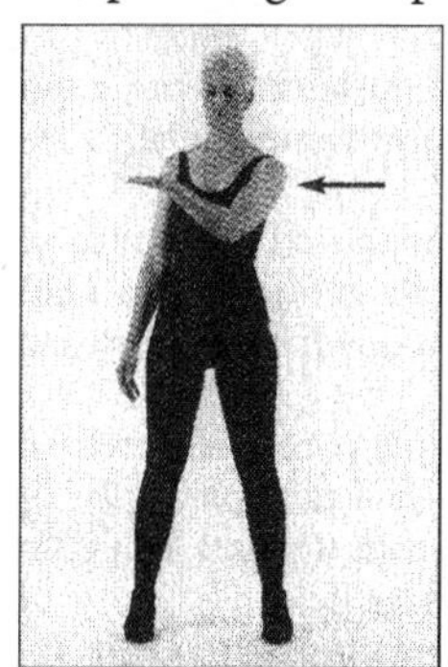

Figura 303

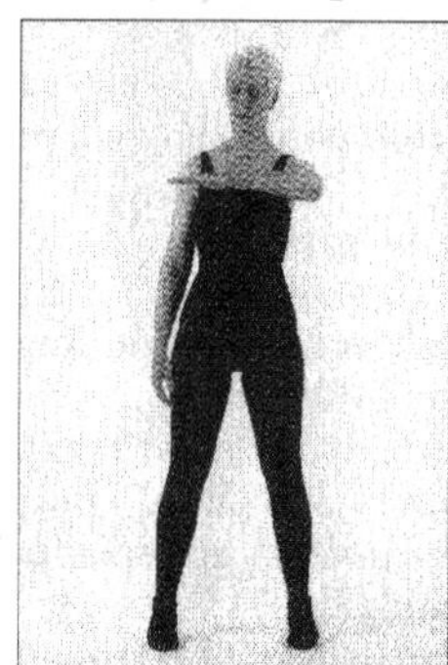

Figura 304

Figura 305

13. A mão atravessa para a direita até um ponto em frente ao ombro direito (Fig. 303).

14. O pulso gira novamente virando a palma para baixo.

15. A mão desliza para baixo até uma posição a cerca de trinta centímetros em frente do quadril esquerdo (Fig. 305).

O segundo passe mágico é composto de nove movimentos.

16. A mão é recuada e toca a parte de cima do quadril.

17. O cotovelo se move para fora lateralmente, e o pulso, através de um agudo movimento para baixo, vira a palma para a esquerda. A palma da mão fica encurvada com os dedos ligeiramente afastados uns dos outros (Fig. 307).

18. O braço faz um círculo completo indo por cima da cabeça da frente para trás. A mão retorna à parte de cima do quadril com a palma virada para cima (Fig. 308).

Figura 306

Figura 307

Figura 308

19. O cotovelo se move novamente para fora lateralmente e outro rápido movimento do pulso vira a palma novamente para a esquerda (Fig. 309).

20. A mão se move para o lado para fazer um círculo como se estivesse escavando alguma coisa. No final do movimento a mão retorna para uma posição na parte de cima do quadril com a palma virada para cima (Fig. 310).

21. O cotovelo dobrado se move agudamente para a esquerda ao mesmo tempo em que um rápido giro do pulso vira a mão para trás; os dedos ligeiramente encurvados apontam para trás; a palma fica côncava e virada para cima (Fig. 311).

22. Depois o cotovelo é estendido completamente para trás enquanto a palma da mão encurvada ainda fica virada para cima.

Figura 309

Figura 310

Figura 311

23. Enquanto o braço ainda está completamente estendido, o pulso gira lentamente fazendo uma rotação total até a palma ficar novamente virada para cima (Fig. 313).

24. Esse movimento se assemelha a puxar o braço para fora de uma manga. Começando com o cotovelo, o braço desenha um círculo de trás para a frente, e o movimento termina com a palma da mão para cima ao nível da borda da caixa torácica e o cotovelo dobrado tocando a borda das costelas (Fig. 314).

Figura 312

Figura 313

Figura 314

O terceiro passe mágico é constituído de 12 movimentos.

25. A mão se move em um arco para a direita com a palma virada para cima, como se estivesse cortando alguma coisa com as pontas dos dedos, parando a trinta centímetros além da borda direita da caixa torácica (Fig. 315).

26. A palma da mão é virada para o chão (Fig. 316).

27. O braço se move em um arco para a esquerda e depois todo o caminho até as costas (Fig. 317).

28. A palma da mão fica côncava, o braço fica totalmente estendido, e o giro do pulso transforma a mão em uma concha.

Figura 315

Figura 316

Figura 317

29. A mão se eleva acima da cabeça seguindo um curso diagonal de trás para a frente que termina acima do ombro direito ao nível da cabeça.

Figura 318

Figura 319

Figura 320

30. A mão é endireitada e o pulso é contraído para colocá-la em um ângulo de 90º em relação ao antebraço. Assim, a mão desce de cima da cabeça para o lado direito da cintura.

31. A palma é virada rapidamente para baixo.

32. Em um semicírculo, o braço gira todo o caminho até a esquerda e até as costas.

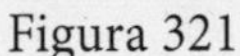

Figura 321

Figura 322

Figura 323

33. A palma vira para cima (Fig. 323).

34. O braço gira para a frente, para a mesma posição à direita, a uma distância de trinta centímetros da caixa torácica.

35. A mão é girada para que a palma fique virada novamente para o chão.

Figura 324

Figura 325

Figura 326

36. O braço gira para a esquerda e retorna à mesma posição atrás das costas no lado esquerdo.

O quarto passe mágico consiste nos seguintes 15 movimentos.

37. O braço gira em um grande círculo para a frente, acima da cabeça, para as costas e termina em um ponto a cerca de trinta centímetros de distância da coxa esquerda.

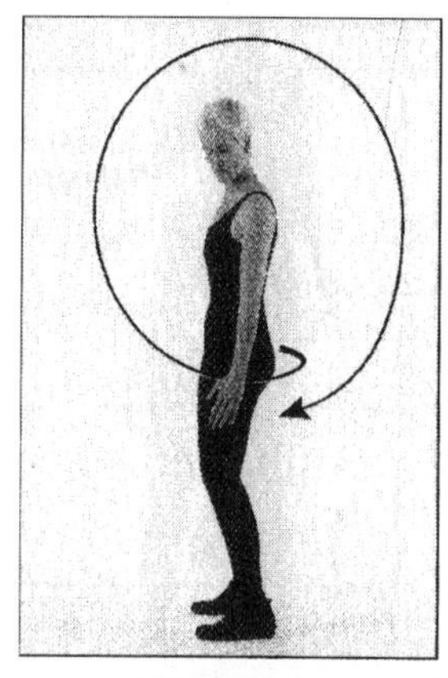

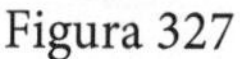

Figura 327

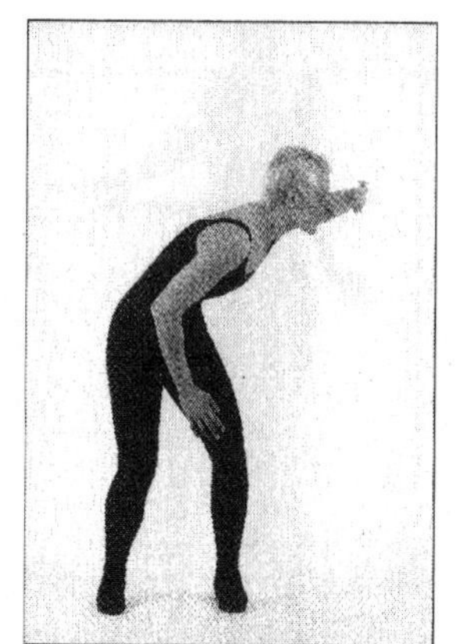

Figura 328

Figura 329

38. A cabeça é virada para a esquerda. O cotovelo é dobrado agudamente, e o antebraço é erguido ao nível dos olhos com a palma da mão virada para fora, como se estivesse protegendo os olhos do clarão da luz. O corpo se projeta para a frente.

Figura 330

Figura 331

Figura 332

39. A cabeça e o tronco giram lentamente todo o caminho para a direita, como se para olhar a distância com uma proteção sobre os olhos.

40. A cabeça e o tronco giram novamente para a esquerda.

41. A palma da mão é rapidamente virada para cima enquanto a cabeça e o tronco se movem para olhar direto para a frente.

42. Depois a mão corta uma linha em frente ao corpo da esquerda para a direita.

43. A palma é virada para baixo.

44. O braço desliza para a esquerda.

45. O pulso é girado novamente para cima para que a palma fique virada para cima.

Figura 333

Figura 334

Figura 335

46. O braço corta outro arco em frente ao corpo para a direita (Fig. 336).
47. A posição da mão é mudada novamente; a palma fica virada para baixo.
48. O braço desliza de novo para a esquerda.
49. A palma é virada para cima.
50. O braço faz uma linha atravessando a frente do corpo para a direita.
51. A palma é virada para baixo.

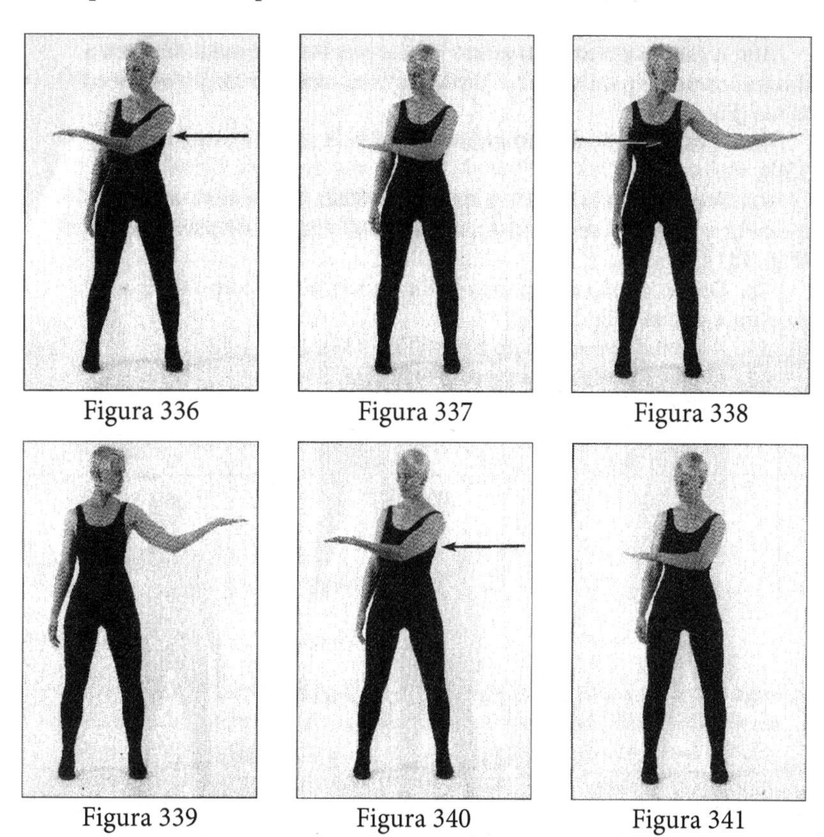

Figura 336 Figura 337 Figura 338

Figura 339 Figura 340 Figura 341

O quinto passe mágico é constituído de 25 movimentos.

52. A mão desenha um amplo círculo em frente ao corpo com a palma virada para a frente enquanto o círculo é desenhado. O movimento termina em um ponto em frente ao ombro direito com a palma virada para cima.

53. O cotovelo gira para cima enquanto o pulso e a mão giram para baixo. A palma da mão fica ligeiramente encurvada.

54. A mão desenha uma linha oval da direita para a esquerda como se estivesse escavando um naco de matéria. Quando chega à posição de onde começou, a palma é virada para cima.

55. A mão abaixa até o nível da virilha com os dedos apontando para o chão.

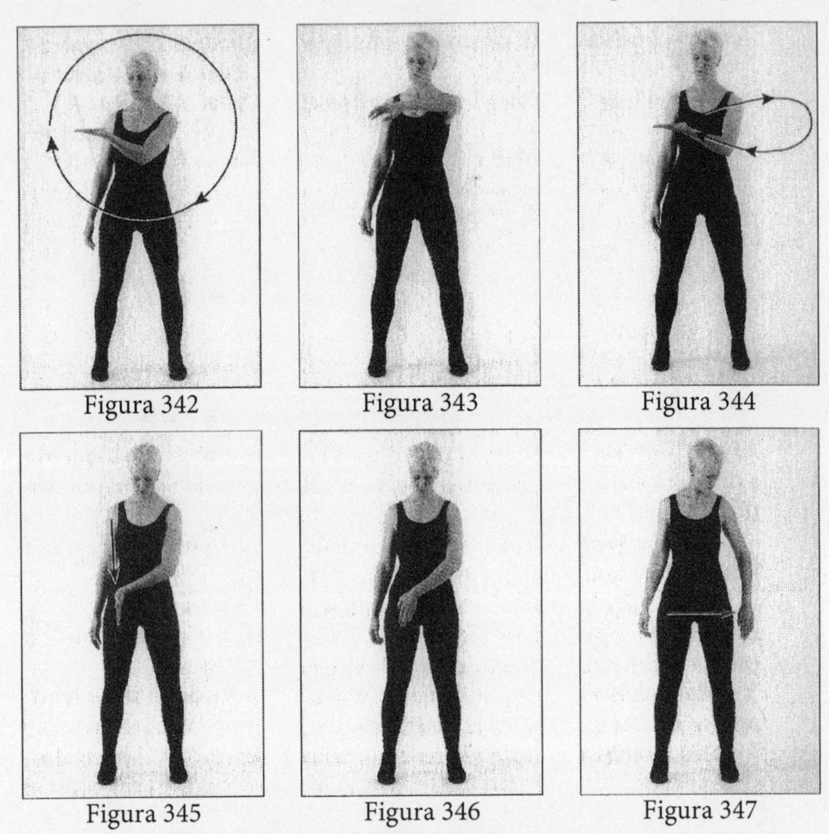

Figura 342 Figura 343 Figura 344

Figura 345 Figura 346 Figura 347

56. Ali a palma da mão é virada para o corpo.

57. Depois ela se move seguindo o contorno do corpo, com os dedos apontando em direção ao chão, até um lugar a dez ou 12 centímetros de distância da coxa esquerda.

58. Um rápido giro do pulso faz a palma virar para a coxa.

59. A cabeça vira para a esquerda enquanto a mão é erguida, como se estivesse esfregando os dedos ao longo de uma superfície reta, até o nível dos olhos.

60. Dali ela desce em ângulo até um ponto ligeiramente à esquerda da virilha. A cabeça segue o movimento da mão.

61. A mão é erguida novamente até o nível dos olhos em ângulo. Alcança um ponto exatamente na linha divisória dos corpos esquerdo e direito, bem em frente aos olhos, a uma distância de 45 centímetros.

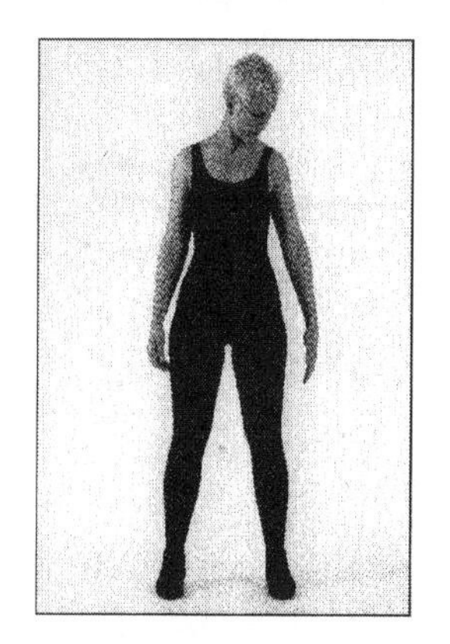

Figura 348

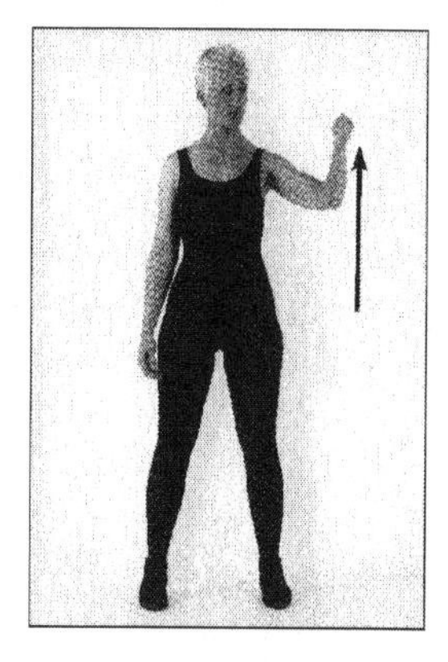

Figura 349

Figura 350

62. A mão desce novamente em ângulo até um ponto em frente e ligeiramente à direita da virilha.

63. A mão é erguida novamente, desenhando uma outra linha inclinada até um ponto em frente aos olhos alinhada com os ombros; a cabeça segue o movimento para a direita.

64. A mão desce em uma linha reta até um ponto a trinta centímetros de distância da coxa direita.

Figura 351

Figura 352

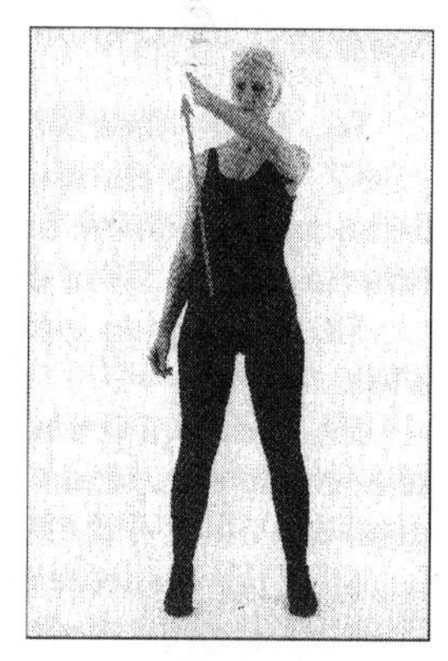

Figura 353

Nos sete movimentos precedentes, três picos foram desenhados. O primeiro na esquerda, o segundo na própria linha divisória central e o terceiro na direita.

65. Ali a mão muda de posição para que a palma fique virada para a esquerda.

66. A mão é erguida para desenhar uma linha curva que se encaixa exatamente entre os picos da direita e do centro desenhados antes.

Figura 354

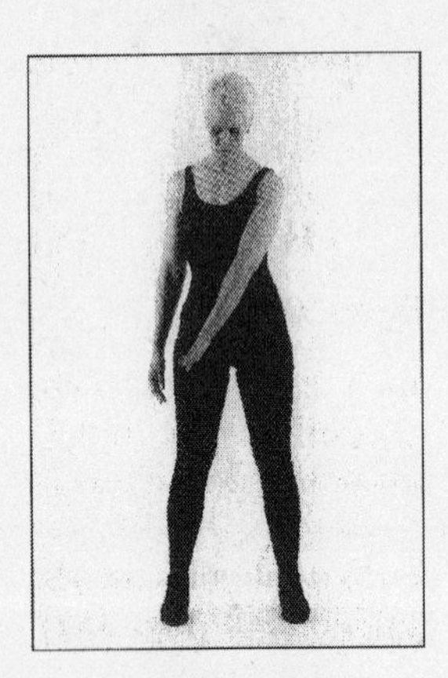
Figura 355

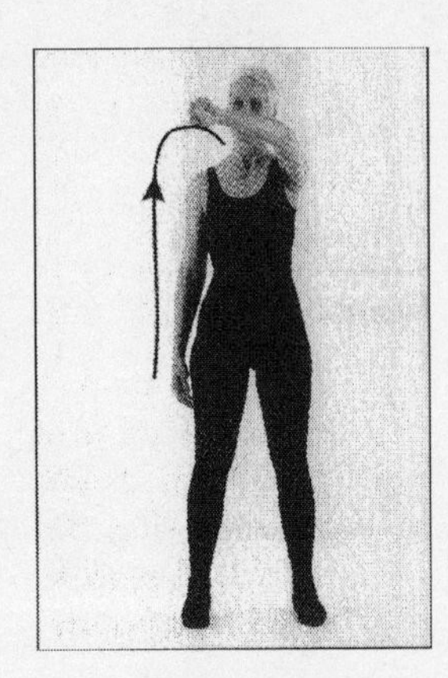
Figura 356

67. Ali a palma da mão é virada para a direita.

68. A mão desce até o nível da virilha e para na linha divisória entre os corpos esquerdo e direito.

69. Ali a palma muda de direção novamente e vira para a esquerda.

Figura 357

Figura 358

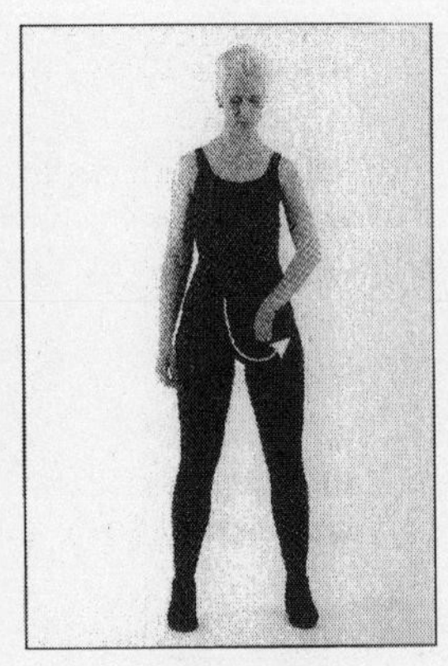
Figura 359

Figura 360

Figura 361

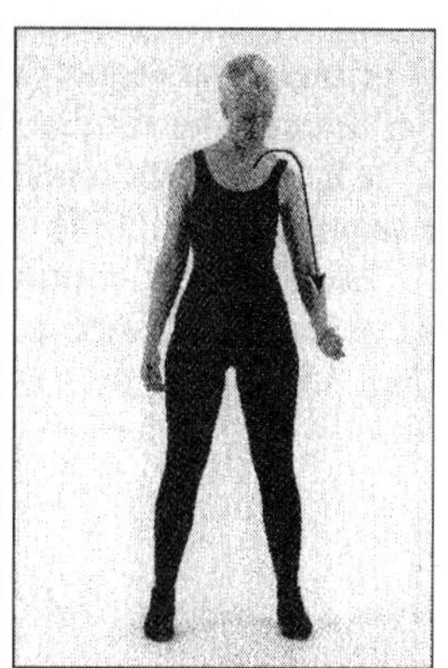

Figura 362

70. A mão é erguida até um ponto entre o pico do meio e o da esquerda até o nível dos olhos.

71. Ali a mão muda novamente para que a palma fique virada para a direita.

72. A mão desce todo o caminho para baixo até um ponto em frente ao lugar onde a coxa começa.

Os picos desenhados nos oito movimentos desta segunda fase são ligeiramente arredondados, ao contrário dos picos muito angulares desenhados antes.

73. A mão é girada mais uma vez para que a palma fique virada para a frente.

74. O braço passa por cima da cabeça como se fosse despejar uma substância invisível no rosto e no corpo direito.

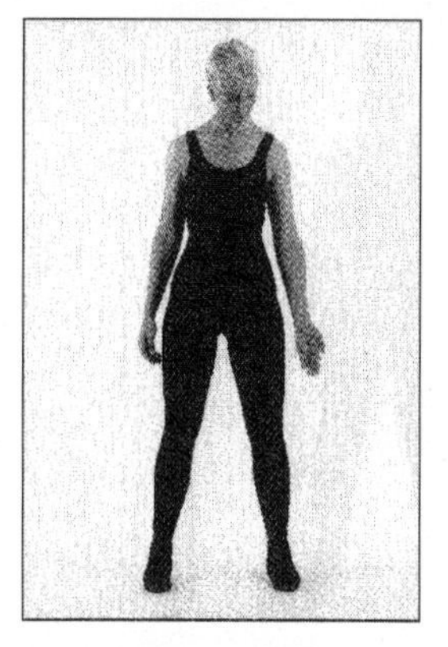

Figura 363

Figura 364

75. A mão é abaixada. Fazendo um semicírculo, o cotovelo gira para as costas.

76. Como se fosse uma faca indo para a sua bainha, a mão desliza sobre o centro de vitalidade ao redor do pâncreas e do baço.

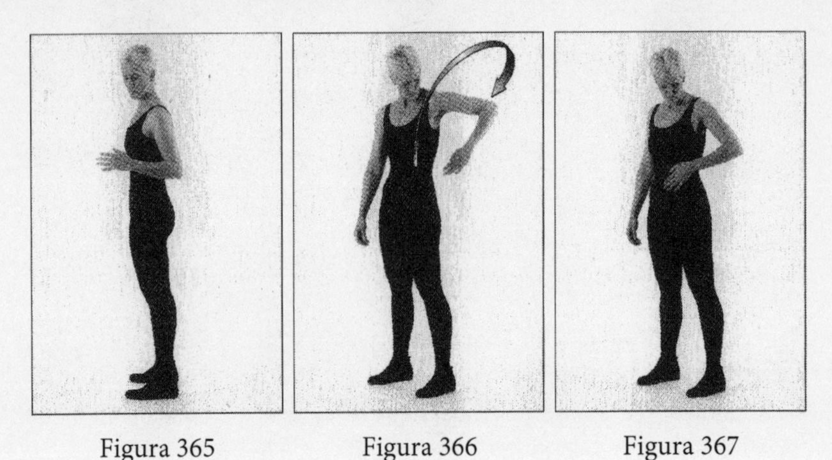

Figura 365 Figura 366 Figura 367

OS TRÊS PASSES MÁGICOS PARA O CORPO DIREITO

O primeiro passe mágico para o corpo direito consiste em cinco movimentos.

1. A mão direita, em um ângulo de 90º com o antebraço e com a palma virada para a frente, faz um círculo completo da esquerda para a direita até o nível da orelha direita e vem repousar na mesma posição em que iniciou, cerca de trinta centímetros em frente à cintura.

2. Dali o braço se move em um agudo arco ao nível do peito dobrando agudamente o cotovelo. A palma virada para o chão; os dedos são mantidos juntos e retos com o polegar contraído. O dedo indicador e o polegar quase tocam o peito.

3. O antebraço se afasta rapidamente do peito de modo que o cotovelo faça um ângulo de 45º.

4. A mão gira no pulso; os dedos apontam para o chão por um instante e depois viram para cima da cabeça como se a mão fosse uma faca.

5. A mão desce. Usando a sua borda externa como se fosse um instrumento de corte, corta até o nível do umbigo.

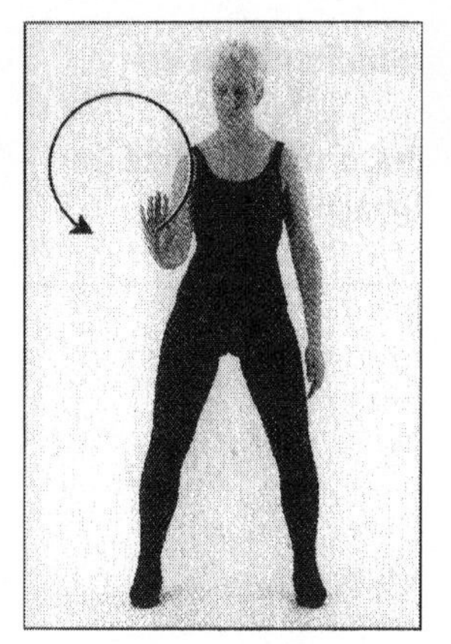

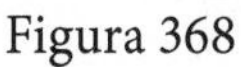

Figura 368

Figura 369

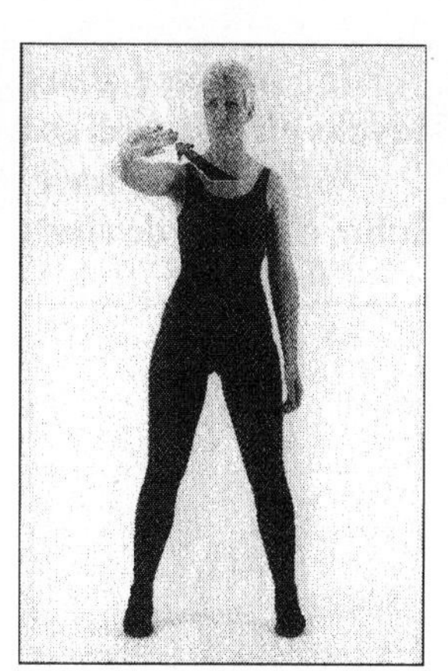

Figura 370

Figura 371

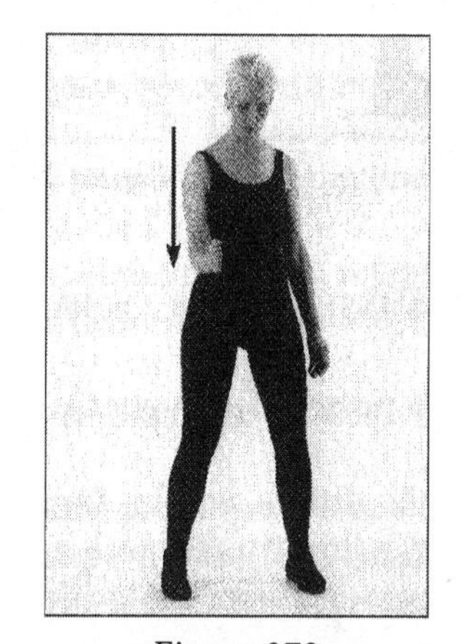

Figura 372

O segundo passe mágico para o corpo direito consiste nos seguintes 12 movimentos:

6. Da lateral da cintura, a mão se projeta até um ponto em frente ao corpo. Na extensão máxima do braço, os dedos se separam.

7. O braço é recuado até o nível da cintura. O cotovelo se projeta para trás, agudamente dobrado.

8. A mão é girada para que a palma fique para cima.

9. O braço é estendido para a frente com a palma aberta e virada para cima.

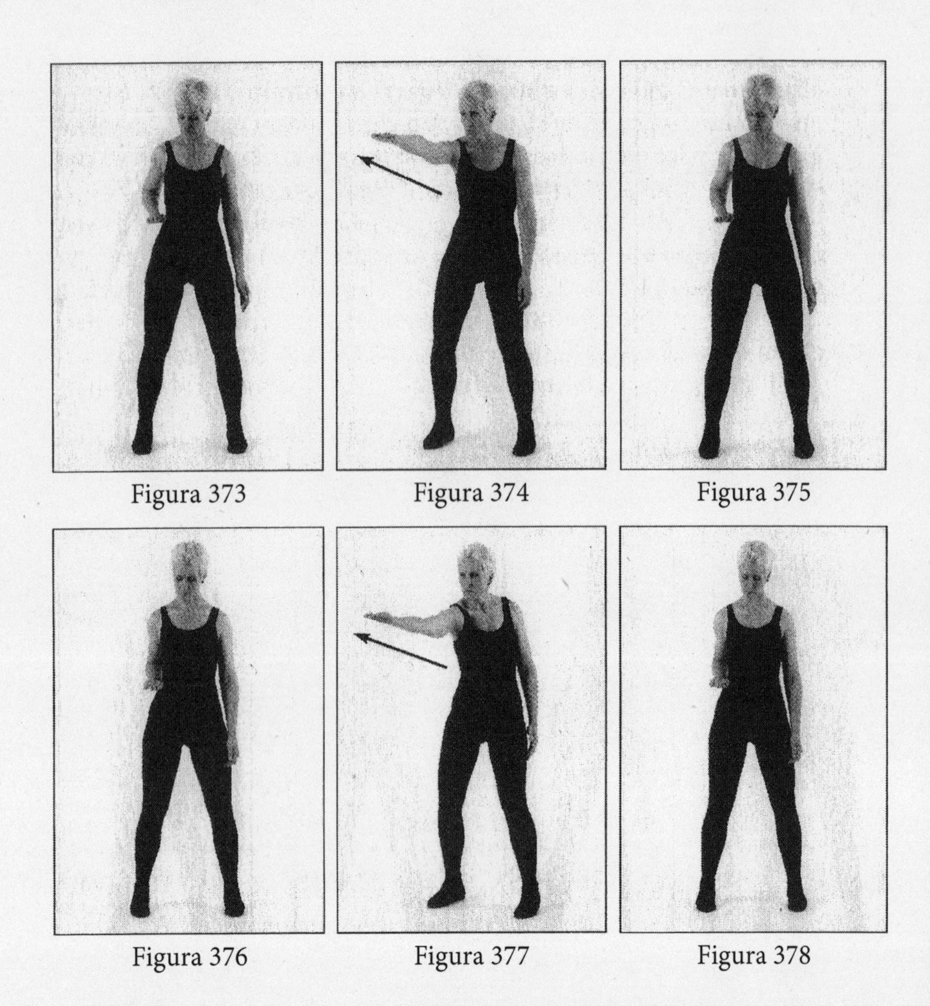

Figura 373 Figura 374 Figura 375

Figura 376 Figura 377 Figura 378

10. Com a palma ainda virada para cima, o braço retorna novamente ao nível da cintura.

11. A palma é virada para baixo.

12. O braço faz um círculo lateral completo, indo para trás, acima da cabeça, para a frente e terminando em frente ao umbigo, batendo com força a palma para baixo como se ela estivesse golpeando alguma coisa sólida.

13. A palma é virada em direção ao corpo em um movimento que se assemelha à ação de reunir alguma coisa no corpo direito.

14. O braço é erguido acima da cabeça como se a mão fosse uma faca que está sendo empunhada.

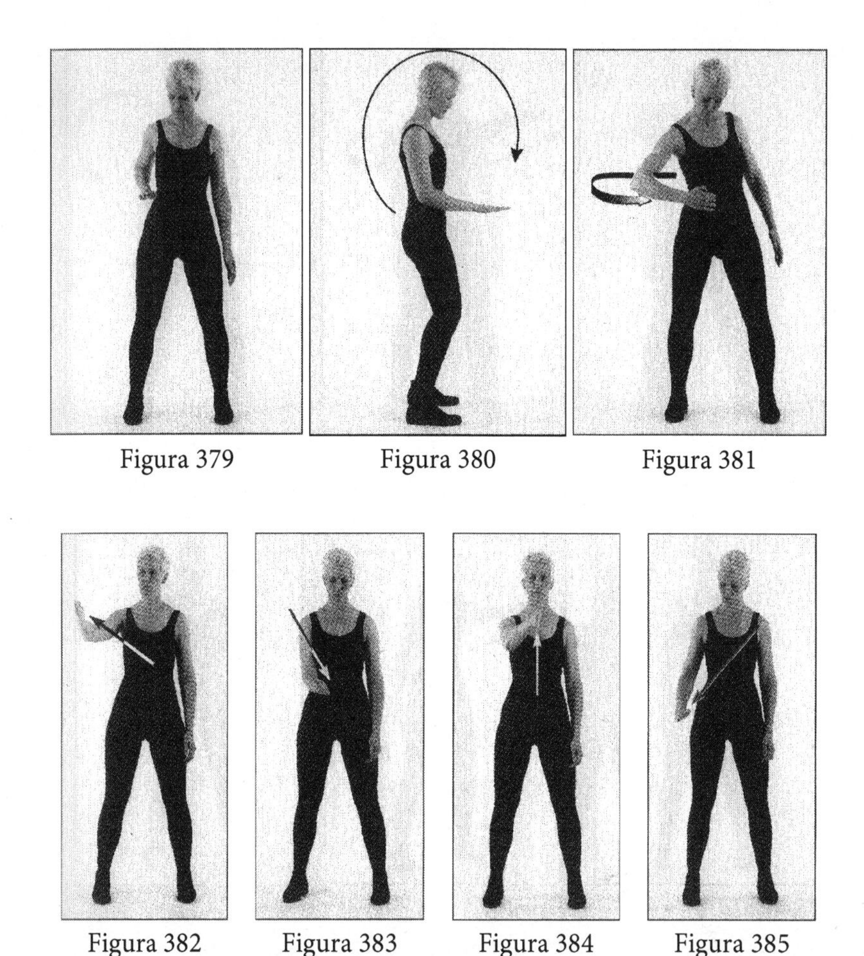

Figura 379 Figura 380 Figura 381

Figura 382 Figura 383 Figura 384 Figura 385

15. Ela faz um corte diagonal até o ponto médio em frente ao corpo, a uma distância de 45 centímetros dele. A palma está virada para a esquerda.

16. A mão, com a palma reta, é erguida até o nível do rosto em uma linha reta.

17. Ela faz um corte diagonal, com a palma ligeiramente inclinada para baixo, até um ponto em frente à borda do corpo direito, a 45 centímetros de distância dela.

O terceiro passe mágico para o corpo direito é composto de 12 movimentos.

18. O braço direito, com o cotovelo agudamente dobrado em direção à direita e a mão mantida com a palma virada para o corpo, move-se em um arco do lado direito para um ponto em frente ao plexo solar.

19. Girando no cotovelo, o antebraço faz um quarto de círculo para baixo virando a palma para o lado direito.

20. O braço faz um pequeno círculo para fora, da esquerda para a direita, subindo e descendo novamente, terminando com a palma perto da cintura virada para cima.

21. Outro círculo é feito da frente para trás. Ele termina no ponto onde começou, com a palma da mão virada para cima.

Figura 386

Figura 387

Figura 388a

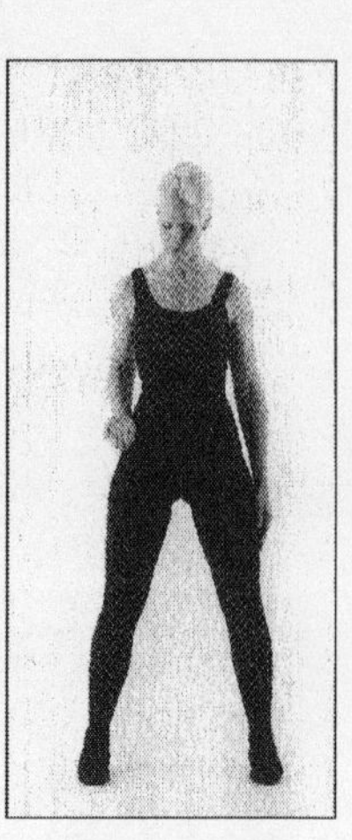

Figura 388b

22. A palma é virada para baixo.

23. Depois a mão se move lentamente para a frente.

24. O pulso é girado para que a palma fique virada para a esquerda. Com a palma reta, os dedos mantidos firmemente juntos e o polegar contraído, a mão é erguida reta como se fosse uma faca.

25. Depois ela desenha um pequeno arco convexo para a esquerda, de modo que a palma fique virada para a direita, e corta reto para baixo logo à esquerda da linha desenhada previamente até o nível do umbigo.

26. Com a mão ainda virada para a direita, o braço sobe e traça novamente a mesma linha que desenhou antes.

Nos três movimentos precedentes, uma longa figura oval foi desenhada.

27. Depois a mão desce como se para cortar um terço da longa figura.

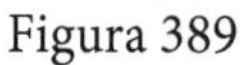

Figura 389

Figura 390

Figura 391

Figura 392

Figura 393

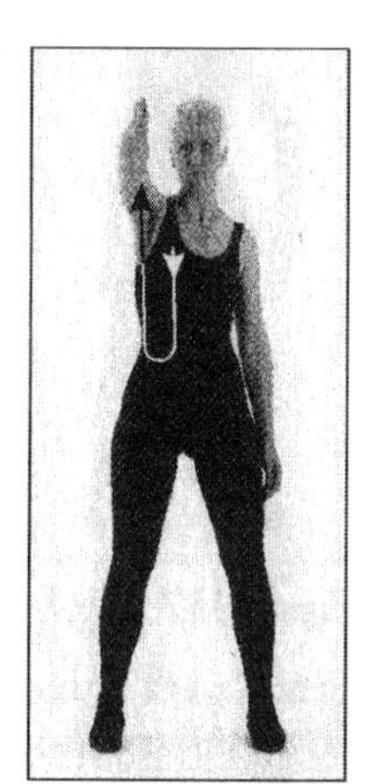

Figura 394

Figura 395

28. A palma vira novamente para a direita.

29. Ela escava o que quer que tenha cortado e transformado em uma bola e joga-a na frente do corpo direito.

30. A mão é abaixada até o topo do quadril direito.

31. A mão gira enquanto o braço faz um semicírculo indo da frente para trás e parando atrás do ombro direito.

32. Como se fosse uma faca entrando em sua bainha, a mão desliza sobre o centro de energia ao redor do fígado e da vesícula biliar.

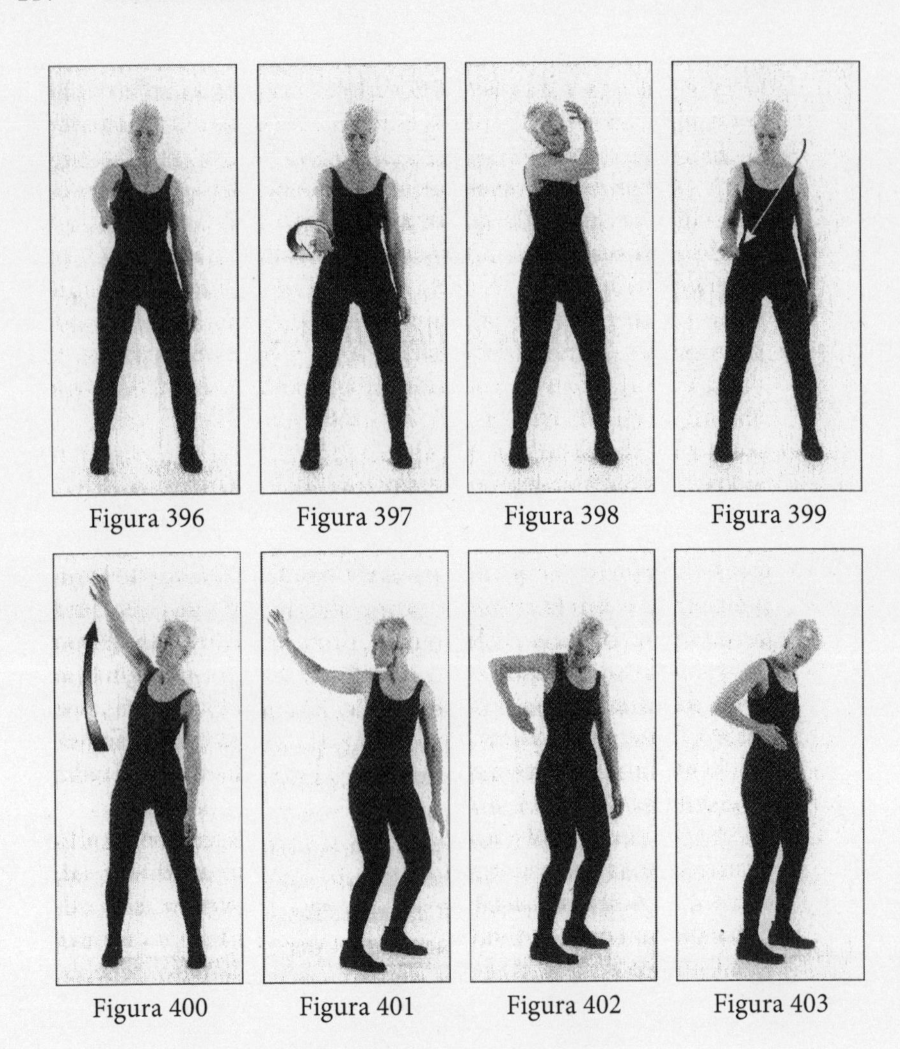

Figura 396 Figura 397 Figura 398 Figura 399

Figura 400 Figura 401 Figura 402 Figura 403

A QUINTA SÉRIE

A Série da Masculinidade

Masculinidade foi o nome dado a um grupo específico de passes mágicos pelos xamãs que primeiro os descobriram e utilizaram. Dom Juan achava que talvez esse fosse o nome mais antigo dado a qualquer grupo de passes mágicos. Originalmente, durante gerações, esse grupo era praticado somente por xamãs masculinos. Essa discriminação em favor dos xamãs masculinos era feita não por necessidade, mas por motivos rituais e para satisfazer uma orientação original para a supremacia masculina. Contudo, sob o impacto da consciência intensificada, essa orientação logo terminou.

A tradição bem estabelecida desse grupo de passes mágicos sendo praticado apenas por homens persistiu, de um modo pseudo-oficial, durante gerações, embora também estivesse sendo praticado às escondidas pelas mulheres. O fundamento lógico para incluir as praticantes femininas foi o de que, por motivos de competição e de desordem social em torno delas, as mulheres precisavam de força e vitalidade extras que acreditavam ser encontradas somente nos homens que praticavam esse grupo de passes mágicos. Consequentemente, as mulheres tiveram permissão de executar os movimentos como uma prova de solidariedade. Na época de dom Juan, as linhas divisórias entre homens e mulheres tornaram-se ainda mais difusas. O sigilo e a exclusividade dos antigos feiticeiros foram completamente destruídos e até mesmo o antigo fundamento lógico para permitir que as mulheres praticassem os passes mágicos específicos não pôde ser sustentado. As praticantes femininas executavam os passes mágicos abertamente.

O valor deste grupo de passes mágicos — sendo o mais antigo grupo com denominação em existência — está na sua continuidade. Desde o início todos os seus passes mágicos eram genéricos, e essa condição proporcionava o único exemplo na linhagem de feiticeiros de dom Juan no qual todo um grupo de xamãs praticantes, qualquer que possa ter sido o número deles, tinha permissão de se movimentar ao mesmo tempo. Através das eras, o número de participantes em qualquer grupo de feiticeiros nunca podia ser maior do que 16. Consequentemente, nenhum desses feiticeiros nunca esteve na posição de testemunhar a estupenda contribuição energética da massa humana. Para eles, só existia o consenso especializado de uns poucos iniciados, um consenso que carregava a possibilidade de preferências idiossincráticas e de maior isolacionismo.

Como já foi declarado antes, o fato de os movimentos de Tensegridade serem praticados em seminários e oficinas por centenas de participantes ao mesmo tempo tem dado surgimento à possibilidade de experimentar os efeitos energéticos da massa humana. Tal efeito energético é duplo: os participantes de Tensegridade não apenas realizam uma atividade que os une energeticamente como também estão envolvidos em uma busca delineada pelos xamãs do México antigo em estados de consciência intensificada: a redistribuição de energia. Realizar esses passes mágicos no local dos seminários sobre Tensegridade é uma experiência extraordinária. Permite que os participantes cheguem, impelidos ou atraídos pelos próprios passes mágicos e pela massa humana, a conclusões energéticas nunca sequer mencionadas nos ensinamentos de dom Juan.

A razão para denominar esse conjunto de movimentos de masculinidade é a sua qualidade agressiva e porque os seus passes mágicos são executados muito rápida e vigorosamente, características facilmente identificadas com a masculinidade. Dom Juan afirmava que a prática deles promovia não somente uma sensação de bem-estar, mas uma qualidade sensorial especial que, se não examinada, poderia facilmente ser confundida com competição e agressividade. No entanto, se for cuidadosamente verificada, fica imediatamente aparente que, ao contrário, ela é uma inequívoca sensação de prontidão que coloca os praticantes em um nível do qual eles poderiam atacar em direção ao desconhecido.

Outra razão pela qual os feiticeiros do México antigo chamavam esse grupo de passes mágicos de masculinidade era porque os homens que o praticavam se tornavam um tipo especial de praticante que não precisava ser levado pela mão.

Tornavam-se homens que se beneficiavam indiretamente de tudo o que faziam. De modo ideal, a energia gerada por esse grupo de passes mágicos vai para os próprios centros de vitalidade, como se cada centro fizesse um lance automático pela energia, que vai primeiro para o centro que mais necessita dela.

Para as discípulas de dom Juan Matus, esse conjunto de passes mágicos tornou-se o elemento mais crucial no seu treinamento. O próprio dom Juan o apresentou a elas como um denominador comum, significando que ele recomendava que elas praticassem o conjunto inalterado. O que ele desejava era preparar suas discípulas para suportarem os rigores de viajar no desconhecido.

Na Tensegridade, a palavra série foi acrescentada ao nome *masculinidade* para equipará-la às outras séries de Tensegridade. A Série da Masculinidade é dividida em três grupos, cada um deles consistindo em dez passes mágicos. O objetivo do primeiro e do segundo grupos da Série da Masculinidade é harmonizar a energia do tendão. Cada um desses vinte passes mágicos é curto, mas extremamente focalizado. Os praticantes de Tensegridade são seriamente encorajados, como o eram os praticantes xamanistas dos tempos antigos, a obter o máximo efeito dos movimentos curtos com o objetivo de liberar um solavanco de energia do tendão cada vez que os executarem.

— Mas, dom Juan — perguntei a ele em determinada ocasião —, você não acha que, cada vez que eu libero esse solavanco de energia, na verdade estou desperdiçando a minha energia do tendão e drenando-a para fora de mim?

— Você não pode drenar nenhuma energia para fora de si mesmo — disse ele. — A energia que aparentemente você está desperdiçando desferindo um solavanco para o ar não está realmente sendo desperdiçada, porque ela nunca deixa as suas fronteiras, onde quer que essas fronteiras possam estar. Portanto, o que você está realmente fazendo é desferindo um solavanco de energia para o que os feiticeiros do México antigo chamavam de a nossa crosta, a nossa casca. Aqueles feiticeiros afirmavam que, energeticamente, os seres humanos são como bolas luminosas que têm uma casca grossa ao seu redor, como uma laranja; alguns deles têm algo ainda mais duro e grosso, como a casca de uma velha árvore.

Dom Juan explicava cuidadosamente que essa analogia dos seres humanos com uma laranja era um tanto enganadora, porque a casca que nós temos está localizada no interior das nossas fronteiras, como se uma laranja tivesse a casca dentro de si mesma. Ele dizia que essa casca ou crosta era a energia encrostada na parte de baixo, que tinha sido descartada dos nossos centros vitais de energia durante toda a nossa existência, devido ao desgaste da vida diária.

— É benéfico golpear essa crosta, dom Juan? — perguntei.

— Muito benéfico — disse ele. — Especialmente se os praticantes apontam todo o seu *intento* na direção de alcançar essa crosta com os seus golpes. Se eles *intentam* estilhaçar, através dos passes mágicos, partes da energia encrostada, essa energia estilhaçada poderia ser absorvida pelos centros vitais de energia.

Os passes mágicos do terceiro grupo da Série da Masculinidade são mais amplos, mais extensos. Para executar os dez passes mágicos do terceiro grupo, o que os praticantes precisam ter é firmeza nas mãos, nas pernas e no resto do corpo. Para os xamãs do México antigo, o objetivo dessa terceira série era a formação da resistência, da estabilidade. Aqueles xamãs acreditavam que manter o corpo firmemente na posição, ao executar esses movimentos longos, proporciona aos praticantes uma base a partir da qual eles podem se manter por si próprios.

O que os praticantes modernos de Tensegridade descobriram através da sua prática é que a Série da Masculinidade só pode ser executada com moderação, para evitar fatigar demais os tendões dos braços e os músculos das costas.

O Primeiro Grupo: Passes Mágicos nos quais as Mãos São Movidas ao Mesmo Tempo, mas Mantidas Separadas

1. Punhos Acima dos Ombros

As mãos são mantidas perto das laterais, fechadas em punhos, com as palmas viradas para cima. Depois são erguidas até um ponto acima da cabeça dobrando os cotovelos para que os antebraços fiquem a um ângulo de 90° com os braços superiores. A força motriz deste movimento é dividida igualmente entre os músculos dos braços e a contração dos músculos do abdômen. Enquanto os punhos são erguidos e os músculos da frente do corpo são tensionados, o corpo se inclina ligeiramente para trás flexionando os joelhos. Os braços, com as mãos em punhos, são abaixados para as laterais das coxas endireitando um pouco os cotovelos. Enquanto os braços se movimentam para baixo, o corpo se inclina para a frente contraindo os músculos das costas e o diafragma.

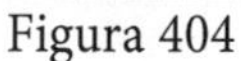

Figura 404

Figura 405

2. Usando um Instrumento de Corte em Cada Mão

As mãos são fechadas em punhos com as palmas viradas uma para a outra ao nível da cintura. De lá elas se movem em um golpe para baixo até o nível da virilha, a 45 centímetros de distância dela, sempre mantendo a largura do corpo como a distância entre os punhos. Após os punhos golpearem, eles são recuados até a posição de onde começaram, perto da borda da caixa torácica.

Figura 406

Figura 407

3. Polindo uma Mesa Alta com as Palmas das Mãos

Os braços são erguidos até o nível das axilas. As palmas das mãos ficam viradas para baixo. Os cotovelos, agudamente dobrados, se projetam bem para trás das costas. Os dois braços são trazidos rapidamente para a frente até a extensão máxima, como se as palmas realmente estivessem polindo uma superfície dura.

As mãos são mantidas a uma distância que se iguala à largura do corpo. De lá elas são recuadas com igual força até a posição de onde o movimento começou.

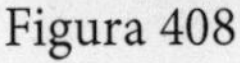

Figura 408

Figura 409

4. Batendo de Leve na Energia com Ambas as Mãos

As duas mãos são erguidas para a frente ao nível dos ombros. As mãos são mantidas em punhos angulares, significando que a posição dos dedos é bem inclinada para baixo enquanto eles são mantidos contra a palma das mãos. Os polegares são mantidos por cima da borda externa dos dedos indicadores. As palmas das mãos ficam viradas uma para a outra. Um forte solavanco dos pulsos faz os punhos abaixarem ligeiramente, mas com grande força. O nível dos pulsos nunca muda; em outras palavras, só a mão gira para baixo nos pulsos. O movimento contrário é erguer os punhos com um solavanco sem modificar a posição dos pulsos.

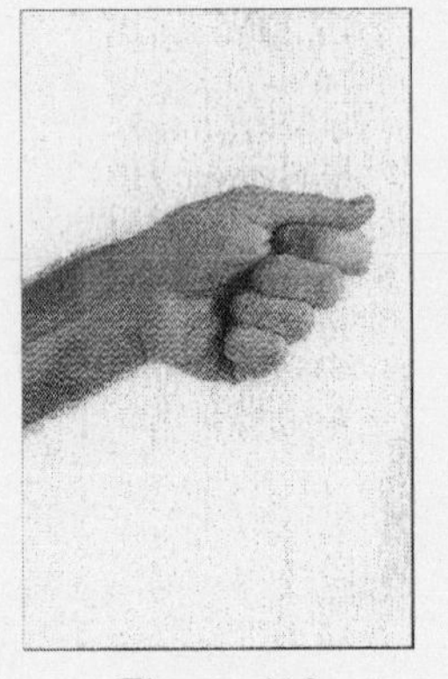

Figura 410

Figura 411

Para os xamãs, este passe mágico é uma das melhores fontes para exercitar a energia do tendão dos braços devido à quantidade de pontos de energia que existe ao redor dos pulsos, das costas das mãos, das palmas e dos dedos.

5. Sacudindo a Energia

Este passe mágico faz companhia ao precedente. Começa erguendo ambos os braços para a frente ao nível dos ombros. As mãos são mantidas em punhos angulares, assim como no passe mágico anterior, com a exceção de que neste as palmas das mãos ficam viradas para baixo. Os punhos são movidos em direção ao corpo por um solavanco dos pulsos. Seu movimento contrário é um outro solavanco dos pulsos que envia os punhos para fora de modo que os polegares façam uma linha reta com o resto dos antebraços. Para executar este passe mágico, é necessário que os músculos do abdômen sejam intensamente utilizados. Na verdade, é a ação desses músculos que direciona o sacudir dos pulsos.

Figura 412

6. Puxando uma Corda de Energia

As mãos são mantidas em frente ao corpo, na linha que separa os corpos esquerdo e direito, como se estivessem segurando uma corda grossa que pende de cima da cabeça; a mão esquerda fica em cima da direita (Fig. 413). O passe mágico consiste em sacudir os dois pulsos e fazer as mãos darem um solavanco para baixo em um movimento curto e vigoroso. Enquanto esse movimento é executado, os músculos do abdômen se contraem e os braços abaixam ligeiramente dobrando-se os joelhos.

Seu movimento contrário é um solavanco dos pulsos que sacodem as mãos para cima enquanto os joelhos e o tronco se endireitam um pouco.

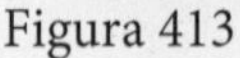

Figura 413

Figura 414

7. Empurrando para Baixo uma Vara de Energia

As mãos são mantidas à esquerda do corpo, com a mão esquerda ao nível da orelha, uns vinte ou 25 centímetros acima da mão direita que é mantida ao nível do ombro. Elas são mantidas como se estivessem agarrando uma vara grossa. A palma da mão esquerda fica virada para a direita e a palma da mão direita fica virada para a esquerda. Em virtude de estar por cima, a mão esquerda é a que conduz e orienta o movimento (Fig. 415). Os músculos das costas perto das glândulas suprarrenais e os músculos do abdômen se contraem, e um vigoroso empurrão envia os dois braços para baixo, para o lado da coxa e da cintura direitas, como se de fato estivessem segurando uma vara (Fig. 416). Lá as mãos trocam de posição; a mão direita move-se para um lugar próximo à orelha direita, tornando-se a mão que conduz, e a mão esquerda move-se para perto do ombro, como se estivessem trocando as varas. Os mesmos movimentos são repetidos.

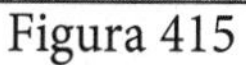
Figura 415

Figura 416

8. Cortando a Energia com uma Mão de Cada Vez

Os punhos são erguidos nas laterais até tocarem a borda da caixa torácica; as palmas dos punhos ficam viradas uma para a outra (Fig. 417). O braço esquerdo abaixa em uma linha diagonal até um ponto a sessenta centímetros de distância da coxa (Fig. 418) e depois é recuada novamente (Fig. 417). Imediatamente o braço direito executa os mesmos movimentos.

Figura 417

Figura 418

9. Usando uma Plaina de Energia

A mão esquerda é erguida até o nível do umbigo e fechada em punho; o cotovelo fica dobrado em um ângulo de 90º e é mantido próximo à caixa torácica (Fig. 419). A palma direita se movimenta como se fosse bater em cima do punho esquerdo, parando a uns três centímetros de distância dele (Fig. 420). Depois ela se move uns dez ou 15 centímetros para a frente do punho em um forte movimento de corte, como se estivesse cortando com a borda da mão (Fig. 421). O braço esquerdo é recuado todo o caminho de volta fazendo o cotovelo se projetar para trás o máximo possível, enquanto a mão direita também é recuada, seguindo a mão esquerda e mantendo a mesma distância (Fig. 422). Depois, mantendo a mesma distância entre as mãos, tanto o braço esquerdo quanto o direito se projetam para a frente até um ponto a 45 ou sessenta centímetros de distância da cintura.

Os mesmos movimentos são repetidos com o punho do braço direito.

Figura 419

Figura 420

Figura 421

Figura 422

10. Golpeando a Energia com um Ferrão de Energia

O braço esquerdo é erguido até o nível dos ombros com o cotovelo dobrado a um ângulo de 90°. A mão é mantida como se estivesse segurando o cabo de um punhal; a palma fica virada para baixo. O cotovelo golpeia para trás em um arco até a altura do ombro esquerdo, em um ângulo de 45° atrás dele (Fig. 423). Depois o braço retorna à sua posição inicial com um golpe ao longo do mesmo arco.

Figura 423

Os mesmos movimentos são repetidos com o outro braço.

O Segundo Grupo:
Os Passes Mágicos para Concentrar a Energia do Tendão

11. Segurando uma Mão com a Outra

Os dois antebraços são trazidos para a frente do umbigo. Os cotovelos dobrados quase tocam a caixa torácica. As mãos seguram uma a outra, a esquerda em cima. Os dedos de cada mão agarram vigorosamente a outra mão (Fig. 424). Todos os músculos dos braços e das costas estão contraídos. Os músculos tensos são relaxados e as mãos trocam de posição, para que a mão direita fique em cima da esquerda, sem se soltarem uma da outra, usando a parte dura da palma perto da base dos dedos como uma superfície de giro. Os músculos dos braços e das costas são contraídos novamente.

Figura 424

Os mesmos movimentos são repetidos começando com a mão direita em cima.

12. O Abraço dos Corpos Esquerdo e Direito

Os antebraços são trazidos para a frente do corpo, novamente ao nível do umbigo. Desta vez, no entanto, o antebraço direito é mantido estendido para fora em uma linha reta com o quadril. Ele é mantido perto da caixa torácica enquanto o antebraço esquerdo, com o cotovelo afastado do corpo, põe a mão esquerda sobre a direita em posição de aperto. Grande pressão é aplicada nas palmas e nos dedos das duas mãos pela tensão dos músculos dos braços, das costas e do abdômen. A tensão é relaxada, e as mãos giram na palma uma da outra enquanto atravessam o corpo da direita para a esquerda. Lá elas são novamente apertadas com vigor, usando os mesmos músculos, desta vez com a mão direita por cima (Fig. 425).

Figura 425

Os mesmos movimentos são repetidos nessa posição.

13. O Giro Vigoroso dos Dois Corpos

As mãos seguram uma a outra ao nível da cintura à direita. A mão esquerda fica em cima da direita. Nesse passe mágico o aperto das mãos não é tão pronunciado quanto o dos dois precedentes porque o desejado é um giro vigoroso dos dois corpos e não os fortes golpes dos dois passes precedentes.

As mãos segurando uma a outra desenham um pequeno círculo para a direita que vai da frente para as costas e termina na mesma posição de onde começou. Uma vez que a mão que conduz, pelo fato de estar por cima, é a mão esquerda, o círculo é desenhado seguindo o impulso do braço esquerdo que empurra as mãos primeiro para a direita e ao redor em um círculo para a direita do corpo (Fig. 426).

Figura 426

Depois as mãos apertadas passam pela frente do corpo até o lado esquerdo. Lá outro círculo é desenhado, novamente seguindo o impulso da mão esquerda. Estando por cima, ela puxa a outra mão para fazer um círculo que, primeiro, vai para as costas, para fora à esquerda e volta para o lugar de onde começou (Fig. 427).

A mesma sequência de movimentos é realizada com a mão direita na liderança, começando à esquerda perto da cintura. Dessa vez o impulso do braço direito é seguido para desenhar o círculo que vai, primeiro, para a esquerda e depois volta ao mesmo lugar de onde começou (Fig. 428). As mãos apertadas atravessam a frente do corpo até o lado direito perto da cintura. Lá, seguindo o impulso da mão que conduz, elas são puxadas para trás, depois para a direita e de volta para onde começaram, fazendo um círculo (Fig. 429). É importante que, enquanto os círculos são desenhados, o tronco do corpo seja girado vigorosamente para o lado. As pernas permanecem na mesma posição, sem compensar o giro deixando os joelhos perderem a firmeza.

Figura 427

Figura 428

Figura 429

14. Empurrando com o Cotovelo e o Antebraço a Energia Segura com as Duas Mãos

As mãos seguram uma a outra do lado direito ao nível do ombro. A parte superior do braço direito é mantida apertada contra o peito, e o cotovelo fica agudamente dobrado com o antebraço mantido em uma posição vertical. Com a palma da mão direita virada para cima, as costas da mão são mantidas em um ângulo de 90º com o antebraço (Fig. 430).

O cotovelo do braço esquerdo fica estendido em frente ao ombro esquerdo, mantido em uma posição de 90º. As duas mãos se apertam vigorosamente (Fig. 431). Depois o braço direito empurra lentamente o esquerdo para a frente endireitando um pouco o cotovelo. Ao mesmo tempo em que as mãos apertadas são empurradas para a frente, o ombro e a omoplata esquerda também são empurrados para a frente para manter o ângulo de 90º do cotovelo esquerdo (Fig. 432). O braço direito recua a mão esquerda para a posição inicial.

Girando nas palmas, as mãos apertadas são mudadas para o lado esquerdo, e os mesmos movimentos são repetidos lá.

Figura 430

Figura 431

Figura 432

15. A Breve Punhalada com as Mãos Segurando uma a Outra

As mãos se seguram do lado direito assim como no passe mágico precedente. Dessa vez, no entanto, as mãos ficam ao nível da cintura, e o braço direito, em vez de empurrar lentamente o esquerdo para a frente, apunhala rápido (Fig. 433). Esse é um movimento vigoroso que requer a contração dos músculos dos braços e das costas. As mãos apertadas são trazidas vigorosamente para a esquerda como se para aumentar a força motriz do cotovelo esquerdo que é empurrado todo o caminho de volta para as costas (Fig. 434). As mãos apertadas se movem ao redor da frente do corpo para a direita, mais uma vez como se para auxiliar um vigoroso movimento do cotovelo direito que é arremessado todo o caminho de volta para as costas.

A mesma sequência de movimentos é realizada começando do lado esquerdo com a mão direita na liderança.

É importante observar que, quando as mãos apertadas estão apunhalando para a frente, a mão que está por baixo dá a direção, mas a força é suprida pela mão que conduz, que é a que fica em cima.

Figura 433

Figura 434

16. Sacudindo a Energia com as Mãos Segurando uma a Outra

As mãos seguram uma a outra à direita; o cotovelo direito e o braço superior são mantidos contra a lateral da caixa torácica. O cotovelo do braço direito fica a um ângulo de 90° com o antebraço direito estendido. O cotovelo esquerdo também é mantido a um ângulo de 90°, distante em linha reta do músculo peitoral esquerdo (Fig. 435). O braço direito ergue o esquerdo, mudando a posição dos cotovelos de um ângulo de 90° para um de 45°. As mãos apertadas alcançam o nível do ombro direito (Fig. 436). Depois elas sacodem com um movimento muito curto no qual só o pulso está envolvido. As mãos unidas golpeiam para baixo, mas sem mudar o nível no qual são mantidas (Fig. 437). De lá as mãos apertadas são recuadas para a esquerda perto da cintura em um vigoroso movimento que faz o cotovelo esquerdo se projetar para as costas (Fig. 438). As mãos são giradas nos pulsos, um sobre o outro, invertendo as suas posições. Os mesmos movimentos são repetidos na esquerda.

Figura 435

Figura 436

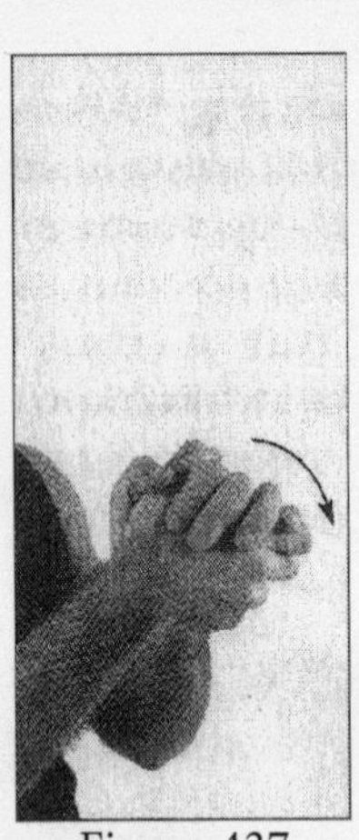
Figura 437

Figura 438

17. Sacudindo a Energia Perto dos Joelhos

As mãos seguram uma a outra à direita perto da coxa. Elas mudam ligeiramente de posição com a mão direita que dá apoio, por estar embaixo, ficando ligeiramente mais vertical com um giro do pulso, mantido sob controle pela pressão da mão esquerda (Fig. 439). As duas mãos giram para a esquerda seguindo o contorno dos joelhos e desferem um golpe, cuja potência é intensificada por um puxão para baixo dos pulsos (Fig. 440).

Figura 439

Figura 440

Girando sobre as palmas, as mãos trocam de posição, e os mesmos movimentos são repetidos da esquerda para a direita.

18. Dirigindo para Baixo um Ferrão de Energia

As mãos seguram uma a outra na vertical com a mão esquerda na liderança, em um ponto a cerca de trinta centímetros do umbigo, bem na linha divisória entre os corpos esquerdo e direito. As duas mãos são erguidas alguns centímetros com um ligeiro solavanco, produzido ao virar os pulsos sem mover os antebraços. Depois são abaixadas com o mesmo solavanco dos pulsos (Fig. 441).

Figura 441

Este passe mágico envolve os músculos profundos do abdômen. Os mesmos movimentos são realizados com a mão direita na liderança.

19. Usando as Mãos como uma Machadinha

As mãos seguram uma a outra à direita. As duas são erguidas até o nível do ombro (Fig. 442). Depois elas desferem um golpe em diagonal que as leva até o nível do quadril esquerdo (Fig. 443).

Os mesmos movimentos são feitos à esquerda.

Figura 442

Figura 443

20. Martelando um Ferrão de Energia

As mãos se seguram à direita. Elas giram até o nível dos ombros ajudadas por uma rotação do tronco para a direita. Fazendo um pequeno círculo vertical em frente ao ombro direito, as mãos são trazidas para a linha divisória entre os dois corpos e abaixadas até o nível da cintura, como se fosse martelar um ferrão de energia ali (Fig. 444).

Figura 444

Os mesmos movimentos são feitos no lado esquerdo.

O Terceiro Grupo:
Os Passes Mágicos para Formar Resistência

21. Cortando a Energia em um Arco

As mãos se seguram à direita, apertadas contra a parte de cima do ílio. A mão esquerda fica em cima da direita. O cotovelo direito se projeta para trás, e o antebraço esquerdo é mantido contra o estômago. Em um vigoroso golpe estendido, as mãos unidas cortam em um arco horizontal através da área em frente ao corpo como se estivessem atravessando uma substância densa. É como se as mãos estivessem segurando uma faca, uma espada ou um instrumento de corte que rasga alguma coisa sólida em frente ao corpo (Fig. 445). Todos os músculos do braço, do abdômen, do peito e das costas são utilizados. Os músculos das pernas ficam tensos para dar estabilidade ao movimento. No lado esquerdo, as mãos são giradas. A mão direita fica em cima, na liderança, e outro vigoroso corte acontece.

Figura 445

22. Cortando a Energia como se Fosse com uma Espada

As mãos se seguram, com a esquerda em cima da direita, em frente ao ombro direito (Fig. 446). Um vigoroso solavanco dos pulsos e dos braços faz as mãos se moverem cerca de trinta centímetros para a frente desferindo um vigoroso golpe. De lá elas cortam até um ponto à esquerda ao nível do ombro. O resultado final é um movimento que parece o corte de alguma coisa densa com uma espada. Daquele ponto à esquerda os braços trocam de posição girando sem perderem a sua posição de mãos se segurando. A mão direita assume a liderança ficando em cima e corta novamente até um ponto a cerca de sessenta centímetros de distância do ombro direito (Fig. 447).

A posição inicial das mãos é modificada, e os movimentos começam à esquerda.

Figura 446

Figura 447

23. Cortando a Energia na Diagonal

As mãos unidas são erguidas até o nível da orelha direita e empurradas para a frente, como se para cortar alguma coisa sólida localizada em frente ao corpo (Fig. 448). De lá elas cortam para baixo até um lugar a cerca de trinta centímetros de distância da lateral da rótula esquerda (Fig. 449). Naquele ponto as mãos giram nos pulsos para mudarem de posição de modo que a mão direita assuma a liderança ficando em cima. É como se o instrumento de corte que as mãos parecem estar segurando mudasse de direção antes de cortar da esquerda para a direita seguindo o contorno dos joelhos (Fig. 450).

Figura 448

As mãos trocam de lugar e toda a sequência é feita novamente começando pela esquerda.

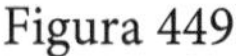

Figura 449

Figura 450

24. Levando a Energia do Ombro Direito para o Joelho Esquerdo

As mãos segurando uma a outra são mantidas ao nível da cintura à direita. Elas mudam ligeiramente de posição com a mão direita, a de apoio que está por baixo, tornando-se um pouco mais vertical com um giro do pulso que está seguro pela pressão da mão esquerda. As mãos são erguidas rapidamente até um ponto perto da parte de cima da cabeça no lado direito (Fig. 451). Conduzindo com o cotovelo, elas são abaixadas com grande força até o nível do ombro. De lá elas abaixam em um corte diagonal até um lugar a cerca de trinta centímetros de distância do lado esquerdo da rótula. O golpe é ajudado por um rápido giro dos pulsos para baixo (Fig. 452).

As mãos giram para trocar de lugar e toda a sequência é feita novamente começando à esquerda.

Figura 451

Figura 452

25. Golpeando a Energia Perto dos Joelhos

As mãos estão segurando uma a outra no lado direito perto da cintura (Fig. 453). Em um vigoroso golpe para baixo, elas são trazidas até o nível dos joelhos, enquanto o tronco se projeta ligeiramente para a frente. Depois elas cortam um arco em frente aos joelhos, da direita para a esquerda, até um ponto distante dez ou 13 centímetros do lado esquerdo da rótula (Fig. 454). Depois as mãos unidas são trazidas de volta vigorosamente até um ponto a poucos centímetros à direita do joelho direito. A realização dos dois golpes cortantes é ajudada por um solavanco muito forte dos pulsos.

Figura 453

Figura 454

O mesmo movimento é executado começando perto da cintura à esquerda. Para executar este passe mágico corretamente, em vez dos músculos dos braços e das pernas, os praticantes precisam envolver os músculos profundos do abdômen.

26. O Vergalhão de Escavação

As mãos segurando uma a outra são mantidas em frente ao estômago, como a mão esquerda em cima como a mão líder. Depois elas são mudadas para uma posição vertical em frente ao estômago na linha que separa os dois corpos. Em um movimento rápido, elas são trazidas até um ponto acima da cabeça, como se ainda estivessem seguindo a mesma linha. De lá elas golpeiam em uma linha reta até o lugar de onde o passe mágico começou (Fig. 455). As mãos trocam de posição para a mão direita ficar na liderança e o movimento é repetido. Dom Juan chamava esse movimento de despertando a energia com um vergalhão de escavação.

Figura 455

27. O Grande Golpe

As mãos segurando uma a outra começam à direita perto da cintura. Elas são erguidas rapidamente acima da cabeça sobre o ombro direito (Fig. 456). Os pulsos dão um solavanco para trás para ganhar força e é desferido um vigoroso golpe diagonal que golpeia a energia em frente ao corpo como se estivesse cortando um lençol. O golpe termina em um ponto a dez ou 13 centímetros à esquerda do joelho esquerdo (Fig. 457).

O mesmo movimento é repetido começando da esquerda.

Figura 456

Figura 457

28. A Marreta

Com a mão esquerda na liderança, as mãos segurando uma a outra ficam em frente ao estômago na linha vertical que divide os corpos esquerdo e direito. Por um instante as palmas são mantidas na vertical antes de as mãos serem trazidas para o lado direito do corpo e acima da cabeça para ficarem, por um outro instante, perto do pescoço como se estivessem segurando uma pesada marreta. Elas se movem por cima da cabeça em um giro deliberado e vigoroso (Fig. 458) e são trazidas para o local de onde começaram a se mover, exatamente como se as próprias mãos fossem uma pesada marreta (Fig. 459).

As mãos trocam de posição, e os mesmos movimentos são iniciados à esquerda.

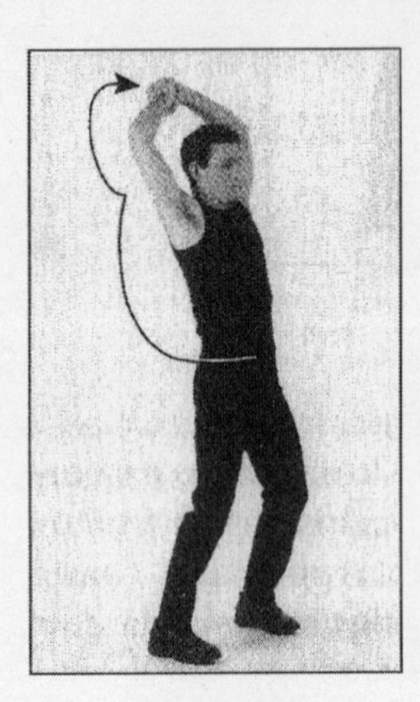

Figura 458

Figura 459

29. Cortando um Círculo de Energia

Para iniciar este passe mágico, as mãos seguram uma a outra perto do ombro direito (Fig. 460). Depois elas são empurradas para a frente o mais longe que o braço direito conseguir ir, sem estender completamente o cotovelo. De lá as mãos unidas cortam um círculo da largura do corpo, da direita para a esquerda, como se, de fato, estivessem segurando um instrumento de corte. Para executar esse movimento, a mão que conduz, a esquerda que está por cima, deve inverter a posição quando atingir a volta do círculo à esquerda. Com as mãos ainda unidas, elas se movem rapidamente na volta do círculo de modo que a mão direita assuma a liderança ficando por cima (Fig. 461) e terminam de desenhar o círculo.

Figura 460

A mesma sequência de movimentos é realizada começando à esquerda com a mão direita na liderança.

Figura 461

30. O Golpe de um Lado para o Outro

As mãos seguram uma a outra à direita com a mão esquerda na liderança. Um vigoroso golpe empurra as mãos para a frente a cerca de sessenta centímetros do peito. Depois elas golpeiam, como se estivessem segurando uma espada, o mais longe à esquerda que os braços permitirem sem estenderem completamente os cotovelos (Fig. 462). Lá as mãos trocam de posição. A mão direita torna-se a líder ficando por cima e um contragolpe é executado, o que leva as mãos unidas todo o caminho de volta até um ponto no lado direito, a alguns centímetros à direita de onde este passe mágico começou (Fig. 463).

A mesma sequência de movimentos é repetida, começando à esquerda com a mão direita na liderança.

Figura 462

Figura 463

A SEXTA SÉRIE

Artefatos Utilizados em Conjunto com Passes Mágicos Específicos

Como declarado anteriormente, os xamãs do México antigo punham uma ênfase especial em uma força que eles chamavam de energia do tendão. Dom Juan dizia que asseguravam que a energia vital se move ao longo do corpo através de um caminho exclusivo formado pelos tendões.

Perguntei a dom Juan se por tendão ele queria dizer o tecido que liga os músculos aos ossos.

— Não tenho palavras para explicar a energia do tendão — disse ele. — Estou seguindo o caminho fácil da utilização. Ensinaram-me que isso é chamado de energia do tendão. Se eu não precisar ser específico em relação a isso, você entende o que é a energia do tendão, não é?

— Em um sentido vago, acho que sim, dom Juan — disse eu. — O que me deixa confuso é que você usa a palavra tendão onde não existe nenhum osso, tal como no abdômen.

— Os antigos feiticeiros — disse ele — deram o nome de energia do tendão a uma corrente de energia que se movimenta ao longo de músculos profundos do pescoço para o peito, para os braços e para a espinha. Ela atravessa o abdômen superior e inferior da borda da caixa torácica até a virilha e de lá vai para os dedos dos pés.

— Essa corrente não inclui a cabeça, dom Juan? — perguntei atordoado. Como um homem ocidental, eu esperava que qualquer coisa desse tipo deveria se originar no cérebro.

— Não — disse ele enfaticamente —, ela não inclui a cabeça. O que vem da cabeça é um tipo diferente de corrente energética; não é do que estou falando. Uma das formidáveis realizações dos feiticeiros é que no final eles empurram para fora o que quer que exista no centro de energia localizado no topo da cabeça e depois ancoram ali a energia do tendão do resto do seu corpo. Mas isso é um modelo de sucesso. No momento o que temos à disposição, como no seu caso, é a situação comum da energia do tendão começando no pescoço no local, onde ele se une com a cabeça. Em alguns casos a energia do tendão sobe até um ponto abaixo dos malares, mas nunca acima daquele ponto.

"Essa energia, que chamo de energia do tendão por falta de um nome melhor, é uma terrível necessidade na vida das pessoas que viajam no infinito ou desejam viajar nele.

Dom Juan dizia que o início tradicional na utilização da energia do tendão era o uso de alguns artefatos simples empregados pelos xamãs do México antigo de duas maneiras. Uma era criar um efeito vibratório em centros específicos da energia do tendão e a outra era criar um efeito de pressão nos mesmos centros. Ele explicava que os xamãs consideravam o efeito vibratório o agente para soltar a energia que tinha ficado estagnada. O segundo efeito, o efeito da pressão, era considerado o agente que dispersa a energia.

O que para o homem moderno parece ser uma contradição cognitiva — que a vibração soltaria qualquer coisa que estivesse presa e que a pressão a dispersaria — era profundamente enfatizado por dom Juan Matus, que ensinava a seus discípulos que, em termos da nossa cognição no mundo, o que aparenta ser natural para nós não é absolutamente natural em termos do fluxo da energia. Ele dizia que no mundo da vida cotidiana os seres humanos quebrariam alguma coisa com um golpe ou aplicando pressão e a dispersariam fazendo-a vibrar. No entanto, a energia que tinha se alojado em um centro de tendão precisava ser tornada fluida através da vibração e depois precisava ser pressionada para que continuasse fluindo. Dom Juan Matus ficava horrorizado com a ideia de pressionar diretamente pontos de energia no corpo sem a vibração preliminar. Sua alegação era que a energia que estava presa ficaria ainda mais inerte se lhe fosse aplicada pressão.

Dom Juan iniciava seus discípulos com dois artefatos básicos. Explicava que os xamãs dos tempos antigos costumavam procurar um par de seixos arredondados ou sementes secas arredondadas e usá-lo como artefatos vibratórios e de pressão para ajudar a manipular o fluxo da energia no corpo, que acreditavam que periodicamente ficava preso ao longo do percurso do tendão. Contudo, os seixos arredondados que os praticantes xamãs normalmente utilizavam eram definitivamente duros demais e as sementes eram frágeis demais. Outros objetos que aqueles xamãs procuravam com avidez eram pedras planas ou pedaços de madeira pesada do tamanho da mão para colocá-los em áreas específicas da energia do tendão em seus abdomens enquanto estavam deitados de costas. A primeira área era logo abaixo do umbigo; uma outra era bem em cima do umbigo e uma outra ainda era na área do plexo solar. O problema em usar pedras ou outros objetos é que eles precisam ser aquecidos ou esfriados para se aproximarem da temperatura do corpo e, além disso, esses objetos geralmente são duros demais, escorregam e saem do lugar.

Os praticantes de Tensegridade encontraram um equivalente muito melhor para os artefatos dos xamãs do México antigo: um par de bolas redondas e um pequeno peso de couro plano e circular. As bolas são do mesmo tamanho das utilizadas por aqueles xamãs, mas não são frágeis; são feitas de uma mistura de Teflon reforçada por um composto cerâmico. Essa mistura dá às bolas um peso, uma rigidez e uma uniformidade que são totalmente congruentes com o propósito dos passes mágicos.

O outro artefato, o peso de couro, tem sido considerado um artefato ideal para criar uma pressão firme nos centros da energia do tendão. Diferentemente das pedras, ele é bastante flexível para se adaptar aos contornos do corpo. Sua cobertura de couro torna possível ser aplicado diretamente sobre o corpo sem precisar ser aquecido ou esfriado. No entanto, a sua característica mais extraordinária é o seu peso. Ele é leve o suficiente para não causar nenhum desconforto e, ainda assim, é pesado o suficiente para auxiliar alguns passes mágicos específicos que promovem o silêncio interior pressionando centros no abdômen. Dom Juan Matus dizia que um peso colocado em qualquer uma das três áreas mencionadas anteriormente envolve a totalidade dos campos energéticos de uma pessoa, o que significa um calar momentâneo do diálogo interno: o primeiro passo em direção ao silêncio interior.

Por sua própria natureza, os artefatos modernos usados em conjunto com passes mágicos específicos estão divididos em duas categorias.

A Primeira Categoria

Esta primeira categoria de passes mágicos que usam o auxílio de um artefato consiste em 16 passes mágicos ajudados pelas bolas de Teflon. Oito desses passes mágicos são executados no braço e no pulso esquerdos e oito, nos pontos do fígado e da vesícula biliar, do pâncreas e do baço, do cavalete do nariz, das têmporas e do alto da cabeça. Os feiticeiros do México antigo consideravam os oito primeiros passes mágicos como sendo o primeiro degrau em direção à liberação do corpo esquerdo da dominação injustificada do corpo direito.

1. O primeiro movimento pertence ao lado externo do principal tendão do bíceps do braço esquerdo. Uma bola é aplicada naquele local côncavo e feita vibrar movendo-a de um lado para outro com uma ligeira pressão (Figs. 464 e 465).

Figura 464

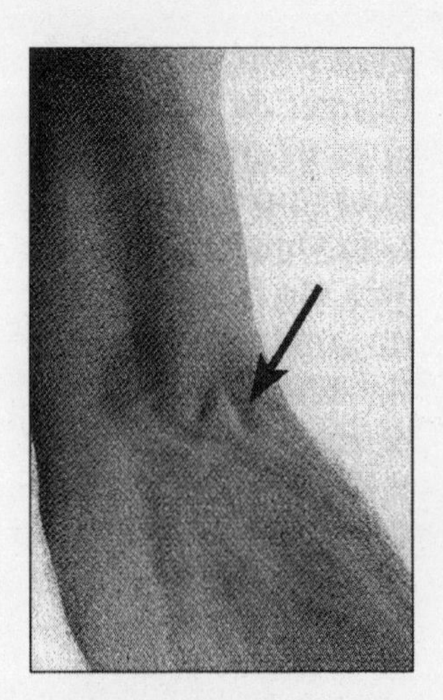

Figura 465

2. No segundo movimento, uma bola é segura na concavidade da palma da mão direita, com o polegar prendendo-a firmemente (Fig. 466). Uma pressão firme, mas suave, é aplicada à bola, que é esfregada no pulso esquerdo até um ponto a cerca da largura de uma mão de distância do pulso (Fig. 467). A bola é esfregada para cima e para baixo no canal criado pelos tendões do pulso (Fig. 468).

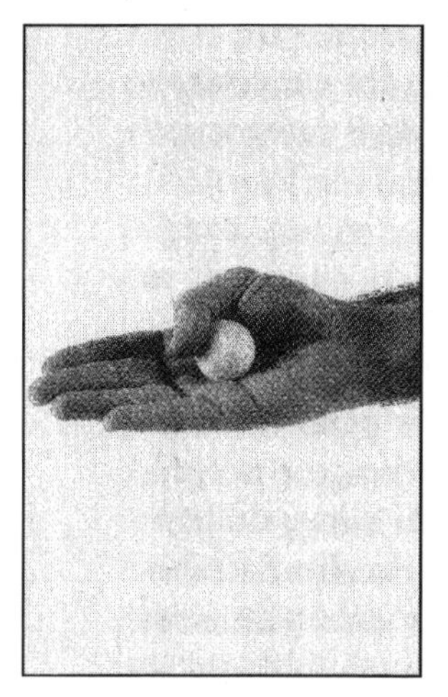

Figura 466

Figura 467

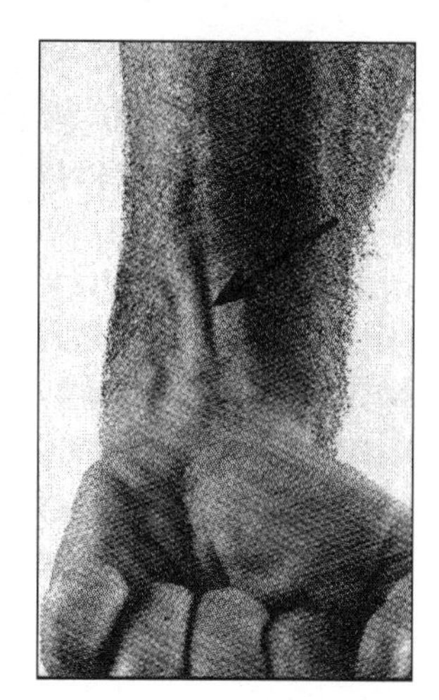

Figura 468

3. A bola é ligeiramente pressionada em um ponto no antebraço esquerdo a uma mão de largura de distância do pulso (Figs. 469 e 470).

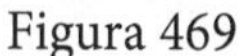

Figura 469

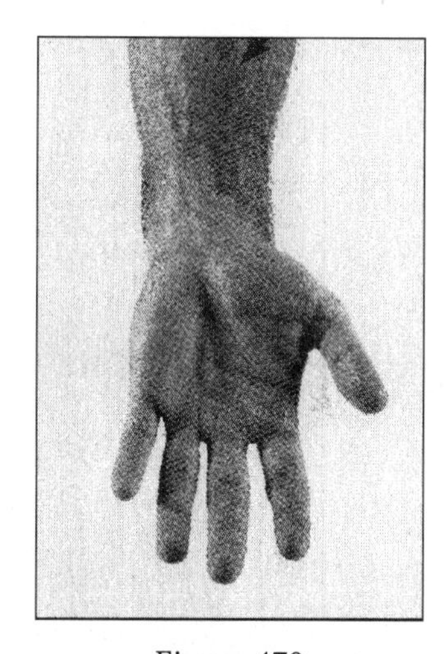

Figura 470

4. Uma pressão moderada é aplicada no pulso do braço esquerdo com o dedo indicador da mão direita em um local próximo à cabeça do osso do antebraço (Fig. 471). O polegar direito ancora a mão na parte de dentro do pulso (Fig. 472) e movimenta a mão de um lado para o outro (Figs. 473 e 474).

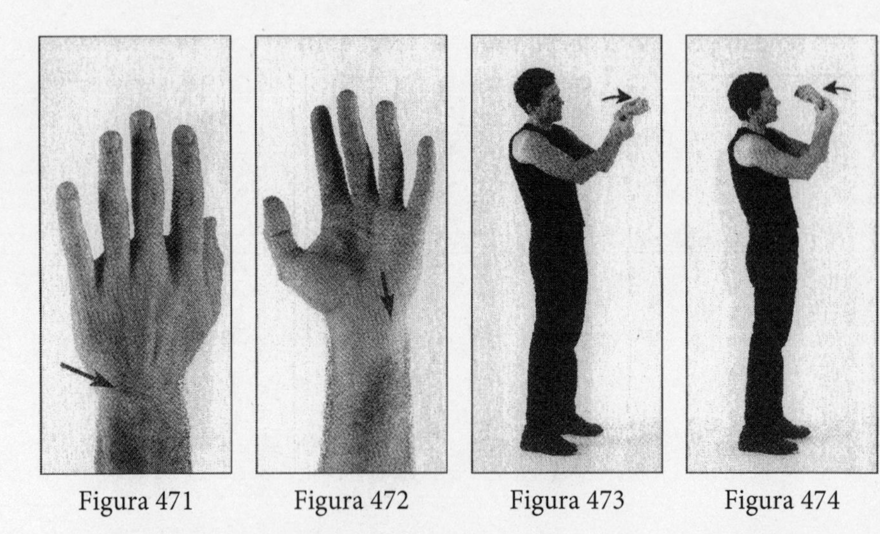

Figura 471 Figura 472 Figura 473 Figura 474

5. A bola é aplicada no lado interno do tendão do bíceps esquerdo e é feita vibrar com uma ligeira pressão (Figs. 475 e 476).

6. Uma vibração é aplicada no local côncavo nas costas do cotovelo à esquerda do cotovelo em si. A palma da mão esquerda é girada e fica virada para fora para permitir a máxima abertura daquela área (Fig. 477). A bola é esfregada ali.

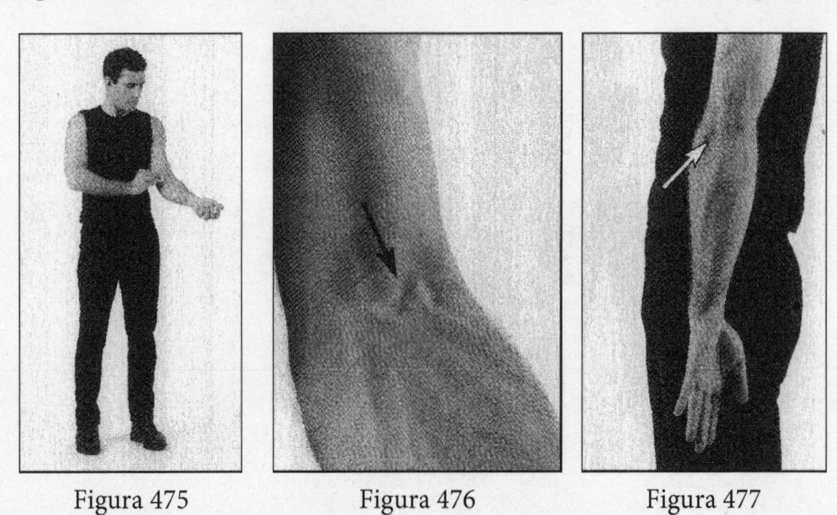

Figura 475 Figura 476 Figura 477

7. Uma pressão moderada é aplicada em um local no meio da parte superior do braço esquerdo, no local côncavo onde o tríceps se une ao osso (Figs. 478 e 479).

8. O cotovelo esquerdo é agudamente dobrado e girado para a frente envolvendo a omoplata esquerda para dispersar a energia do tendão por todo o corpo esquerdo (Fig. 480). Os oito passes mágicos restantes dessa primeira categoria pertencem à parte superior do corpo e aos três centros de energia: a vesícula biliar e o fígado, o pâncreas e o baço e a cabeça.

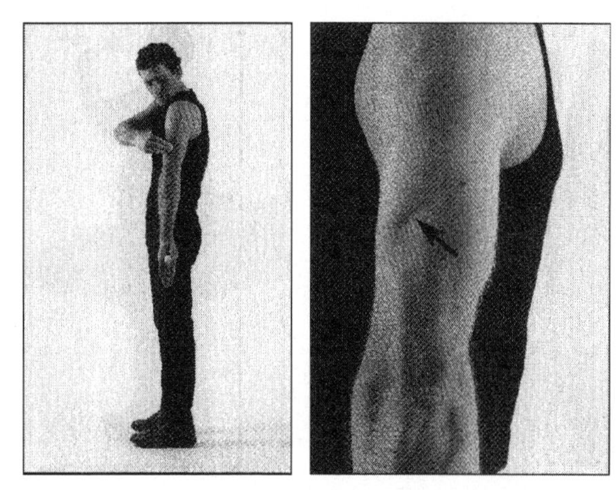

Figura 478 Figura 479 Figura 480

9. As bolas são seguras com ambas as mãos, pressionadas e empurradas profundamente para cima, mas apenas com uma ligeira pressão, logo abaixo das laterais da caixa torácica, perto do fígado e do pâncreas (Fig. 481). Depois elas são vibradas firmemente, mas com suavidade, naquelas áreas.

Figura 481

10. Depois a bola segura com a mão direita é aplicada com uma ligeira pressão na área logo acima do nariz, entre as sobrancelhas, e é feita vibrar (Fig. 482).

Figura 482

11. As duas bolas são aplicadas às têmporas e vibradas ligeiramente (Fig. 483).

12. A bola segura pela mão direita é aplicada bem no topo da cabeça e é feita vibrar (Fig. 484).

Figura 483

Figura 484

13-16. A mesma sequência é repetida, mas, em lugar de fazer as bolas vibrarem, elas são pressionadas contra aqueles centros de energia. Durante esse segundo conjunto de movimentos, ambas as bolas são pressionadas nas laterais da caixa torácica, perto do fígado e do pâncreas. Depois, a bola que está sendo segurada com a mão esquerda é pressionada na área acima do nariz. As duas bolas são pressionadas nas têmporas, e depois a bola mantida com a mão esquerda é pressionada no topo da cabeça.

A Segunda Categoria

A segunda categoria é composta dos usos do peso de couro para o propósito de criar uma pressão firme em uma área maior da energia do tendão. Há dois passes mágicos utilizados em conjunto com o peso de couro.

Aqui as posições das mãos para esses dois passes mágicos são mostradas com o praticante em pé. A verdadeira prática desses passes mágicos é feita com o praticante deitado reto, de costas, com o peso de couro pressionando logo acima do umbigo ou em um dos dois outros locais escolhidos no abdômen: abaixo do umbigo ou acima dele perto do plexo solar, se colocar o peso neles for mais confortável.

17. Os Cinco Pontos de Silêncio ao Redor do Peito

Os dedos mínimos de ambas as mãos são colocados nas bordas da caixa torácica a cerca de cinco centímetros da extremidade do esterno, e os polegares são estendidos o mais para cima do peito possível. Os três dedos restantes espalham-se uniformemente no espaço entre o polegar e o dedo mínimo. Uma pressão vibratória é exercida com todos os cinco dedos de cada mão (Fig. 485).

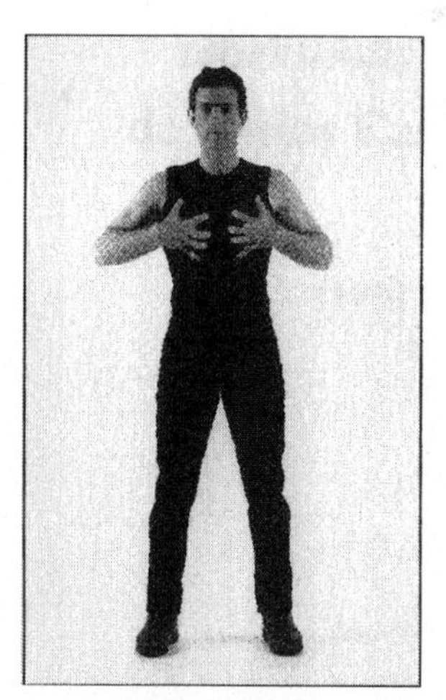

Figura 485

18. Pressionando o Ponto Médio entre a Caixa Torácica e a Parte de Cima do Ílio

O dedo mínimo e o quarto dedo de cada mão ficam nas partes superiores dos quadris, enquanto os polegares ficam de cada lado da borda inferior da caixa torácica. Uma ligeira pressão é aplicada nesses dois pontos. Os dedos indicadores e médios pressionam automaticamente pontos intermediários entre as partes superiores da bacia e a borda da caixa torácica (Fig. 486).

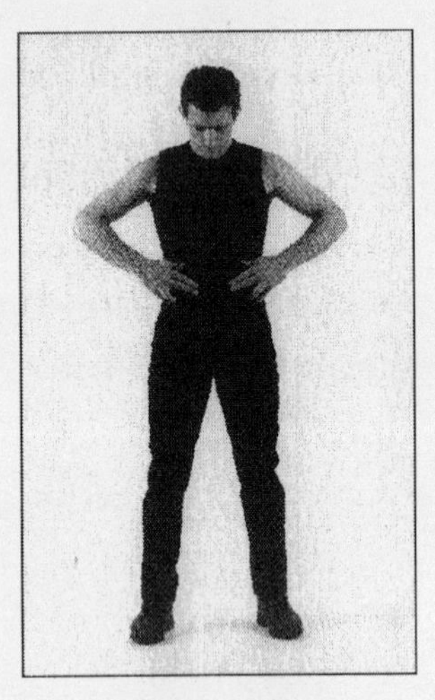

Figura 486

Para mais informações sobre seminários, workshops e vídeos sobre Tensegridade, de Carlos Castaneda, entre em contato com:

Cleargreen Incorporated
11901 Santa Monica Boulevard, Suite 599
Los Angeles, California 90025
(310) 264-6126
Fax: (310) 264-6130
www.castaneda.com
cleargreen@castaneda.com

Este livro foi composto na tipografia
Minion Pro, em corpo 11/13, e impresso em
papel off-white no Sistema Digital Instant Duplex
da Divisão Gráfica da Distribuidora Record.